Gabriel Palacios

Ich sehe dich

Wie die mentale Kraft des
Unterbewusstseins dein Leben
positiv verändert

Giger Verlag

3. Auflage 2012
© Giger Verlag GmbH, CH-8852 Altendorf
Tel. 0041 55 442 68 48
www.gigerverlag.ch
Lektorat: Monika Rohde, Leipzig
Umschlaggestaltung: Hauptmann & Kompanie, Zürich,
unter Verwendung eines Fotos von Jörg Kressig, Zürich
Layout und Satz: Roland Poferl Print-Design, Köln
Druck und Bindung: GGP Media GmbH, Pößneck
Printed in Germany

ISBN 978-3-905958-17-1

Inhalt

Vorwort 7

Und der Gedanke wurde zur Erinnerung 11
Liebe geht durch den Magen – Gedanken auch 14
Rivalisierende Hunde 26
Beeinflussung ist keine Manipulation 31
Kommunikation 34
Empathische Fähigkeiten 41
Echt? Meine Lieblingsfarbe ist auch Blau! Lass uns
heiraten! 50
Mentales im Business 61
Mein Umgang mit meinen Fähigkeiten 64
Zuwendung 71
Der Wert der Dinge 82
Die Herkunft meiner Fähigkeiten 86
Die ausgetrocknete Wiese 91
Hypnose – das natürlichste Phänomen der Welt 103
Therapeutische Hypnose und Showhypnose 108
Fünfundvierzig Jahre aufgelöst, weil er es wollte 112
Letztes Gespräch mit Mama 116
Helles Sehen 128
Lügen und Geheimnisse 135

Der Glaube 143
Mein Umgang mit Schicksalsschlägen 153
Der 1. März 155
Der Ausweg aus meinem Muster 165
Autosuggestive Methoden 170
Vorsprung durch Wissen 190
Authentizität 192
Mein Gedächtnispalast 199
Unsere sieben Sinne 205
Ich sehe dich 212
Ausklang 218

Dank und letzte Worte 222
Kontakt 227

Vorwort

»Bücher, die bewegen – mit Autoren, die bewegen.« So lautet mittlerweile seit zehn Jahren mein Verlagsslogan. Es ist dabei zu meiner Berufung geworden, vor allem Autoren mit Fähigkeiten in Grenzbereichen in den Fokus der Öffentlichkeit zu stellen, sie zu begleiten und ihre Glaubwürdigkeit damit zu unterstützen. Mit diesen Büchern hat sich mein Verlag einen Namen gemacht, von Autoren, die inzwischen jeder kennt in diesem Bereich und die dadurch auch international bekannt wurden.

Es macht mich sehr glücklich, meine Berufung leben zu können, weil es Autoren sind, von denen ich schon so viel lernen konnte, weil ich es selbst lebe, was sie mit ihrer Arbeit und Büchern vermitteln, und weil es Menschen sind, hinter deren Fähigkeiten ich absolut stehen kann.

Zu diesen Menschen gehört jetzt auch der junge Autor Gabriel Palacios, dessen erstes Buch Sie in den Händen halten. Ein erster Anruf in meinem Büro, ein Blick auf seine Homepage und meine Entscheidung war bereits gefallen, ohne dass ich ihn vorher getroffen hatte. Ein erstes persönliches Gespräch und meine Intuition bestätigten mir, dass es die richtige Entscheidung war.

Ich durfte einem Autor begegnen, dessen Grundstein für seine Fähigkeiten bereits in der Kindheit gelegt wurden. Geprägt und sensibilisiert durch eine schwere Krankheit im Kindesalter und einen familiären Schicksalsschlag, hatte er immer eine Vision und seine Berufung vor Augen, die er nun bereits in jungen Jahren leben kann und darf. Zu verdanken hat er das seinem unglaublichen Willen sowie seiner ausgeprägten Intuition und Sensibilität, sich in andere Menschen hineinzuversetzen.

Ich durfte Gabriel bisher zu zahlreichen Veranstaltungen und Auftritten begleiten, durfte viele Gespräche mit ihm führen, ich durfte mit ihm Seminare organisieren. Ich begegnete dabei immer wieder Menschen, die mit ihm in Berührung kamen und von seiner Gabe, die er mit einer Leichtigkeit, seiner polarisierenden Art und mit viel Charisma vermittelt, genauso beeindruckt waren wie ich.

Und ich durfte Briefe von Menschen lesen, die sich bei ihm bedankten, weil er sie heilen konnte – von Süchten, Ängsten, Phobien und anderen Krankheiten und das mehrheitlich nach einer oder zwei Hypnosetherapie-Sitzungen.

Die nebenbei vermittelte Botschaft des Buches, nie aufzugeben, auch wenn man noch so weit unten ist, werden auch Sie verstehen, wenn Sie das Buch lesen. Die offene und ehrliche Art wie Gabriel Palacios in seinem Buch schreibt, wie er sein Wissen vom Gedankenlesen und der Hypnosetherapie weitergibt und seine philosophierenden Gedankengänge haben mich sehr berührt.

Ich bin mir sicher, dass es auch Sie berühren wird, wenn Sie jetzt gerade erfahren werden, wie alles begann …

im Leben eines Menschen und Autors, der es verdient hat, dass man ihm seine Aufmerksamkeit und Anerkennung schenkt.

September 2012
Sabine Giger
Verlegerin

Und der Gedanke wurde zur Erinnerung …

Es war ein Mittwoch. Der Tag schien zu sein wie alle anderen Tage auch. Doch wir wussten nicht, dass ein einziger Gedanke unser Leben verändern würde. Ein Gedanke, der zum Wort wurde. Und ein Wort, das zur Tat wurde. Eine Tat, die in einer Erinnerung münden würde. Eine Erinnerung, geschaffen aus Gedanken. Und der Kreislauf war geschlossen. Der Kreislauf, der beim Gedanken begann und beim Gedanken endete. Der Gedanke an einen geliebten Menschen. Einen Menschen, der durch einen Gedanken geboren wurde – und der wegen eines Gedankens wieder von dieser Welt ging. Seine Entscheidung fand seinen Ursprung in einem Gedanken, der nur ihm gehörte. Ihm allein. Und ich wünsche mir, ich hätte ihm meinen Gedanken schenken können. Doch nun ist es zu spät. Und der Gedanke an ihn ist das Letzte, was mir bleibt.

Mein Vater ist von uns gegangen – weil sein Gedanke es so wollte. Bereits mit fünf Jahren wurde ich mit dieser nackten Tatsache konfrontiert. Ich lernte, damit umzugehen, dass alle Menschen eigene Gedanken in sich tragen. Und ich lernte, mich selbst der Gedankenwelt zu stellen. Die einen leben fast nur in ihrer Gedankenwelt – und andere wissen nicht einmal, dass sie überhaupt existiert.

Die Bekanntschaft mit dem Tod war für mich unausweichlich. Ich musste verstehen, dass mein Vater von einem Gedanken erlöst wurde. Ich verstehe, dass das Leid auf unserem Planeten meist nicht leicht zu verkraften ist. Der zwischenmenschliche Umgang und der Fokus auf Materielles, Macht und Wohlstand.

Doch was wäre, wenn jeder die Freiheit hätte, seine Gedanken selbst zu entwerfen und sich selbst in glückliche Momente versetzen könnte? In Momente der Freude, des Unbehagens und der Glückseligkeit. Das können wir. Wir können uns autosuggestiv Gutes tun. Wie es geht, werde ich dir später erklären – und nicht nur das, sondern auch, wie du die Gedanken anderer Menschen lesen, deuten und fühlen kannst und wie du die Menschen so führen kannst, dass sie dir nicht schaden können und es für dich einen positiven Ausgang geben wird. Du wirst von mir lernen, Menschen als Ganzes zu lesen und wahrzunehmen, gemäß dem Titel dieses Buches: »Ich sehe dich.«

Ich biete dir meine Erfahrung an, die sich von widerlegbaren Studien unterscheidet und die du praktisch anzuwenden und zu überprüfen lernen wirst. Ich biete dir mein geheimes Wissen als Gedankenleser, Kommunikations- und Gedankenexperte an – Wissen, das eigentlich grundsätzlich aus Gründen des Ehrenkodex nicht nach außen gelangen sollte. Wissen, das dir die Möglichkeit verschafft, dir selbst und anderen Menschen zu helfen, dich vor schlechten Menschen zu schützen und dein Umfeld positiv zu beeinflussen. Ich zeige dir, wie du die Gedanken anderer lesen, sie analysieren und beeinflussen kannst und wie du diese Fähigkeiten, die vielleicht schon immer in dir schlummern, zu autosuggestiven, sprich zu heilenden Zwecken verwenden kannst. Ich weiß, dass dich mein Wissen auf deinem Weg begleiten kann. Es wird stets als treuer Begleiter mit dir gehen und an deiner Seite stehen, solltest du Zweifel haben. Auch ich habe lange mit Zweifeln gekämpft. Bereits als kleiner Junge konnte ich Lügner entlarven. Es war jedoch ein Fehler, dies offen zu erzählen. Wer wollte schon einem siebenjährigen Schnösel glauben? Aber diese Erfahrungen waren für mich Gold wert und machen meine Berufung aus. Wenn ich von etwas überzeugt bin, dann von der Tatsache, dass dein Bauch dein Vertrauen nie missbrauchen wird. Denn dein Bauch ist dein Unterbewusstsein. Und dieses macht über neunzig Prozent deines Geistes aus. Warum ich mir mit genau dieser Behauptung, dass dich dein Bauch nie enttäuschen wird, derart sicher bin, erkläre ich dir in den folgenden Kapiteln. Ich bin mir sicher, dein Bauch hat dich schon dazu verleitet, dieses Buch zu kaufen. Dafür danke ich dir und deinem Bauch.

Liebe geht durch den Magen –
Gedanken auch

Bevor ich richtig beginne, möchte ich mich vorstellen. Mein Name ist Gabriel Palacios. Das ist mein gebürtiger Name. Er ist halb spanisch. Mein Vater war Spanier. Er lebte aber hier in der Schweiz mit meiner Mutter, sie ist Schweizerin. Doch nun trägt auch sie diesen wunderschönen Namen. Palacios heißt übersetzt so viel wie »Palast«. Er gefällt mir sehr, mein Palast. Leider kann ich kein Spanisch. Ein tragischer Schicksalsschlag verunmöglichte es mir, diese schöne Sprache meines Vaters zu lernen. Doch ich will es nachholen.

Ich bin Gedankenleser, Gedankenexperte und diplomierter Hypnosetherapeut. Ich möchte dir meinen Werdegang erzählen, damit du dich davon überzeugen kannst, dass dir mein Wissen dienlich ist, dass es dich bereichern wird. Damit auch du lernst, Gedanken zu lesen und zu fühlen, sie zu beeinflussen und anderen Menschen zu helfen. Menschen zu sehen, und zwar als Ganzes. Auch wenn wir uns beim Lesen nicht sehen können, möchte ich in diesem Buch eine lockere, sympathische, vertrauliche und angenehme Atmosphäre erzeugen. Deshalb erlaube ich mir, dich zu duzen. Das mache ich übrigens auch in jeder therapeutischen Einzelsitzung im Rahmen der Hypnose. Ich werde versuchen, das weibliche wie das männliche Geschlecht ungefähr im Gleichgewicht zu erwähnen.

Ich möchte dir nun erzählen, wie ich auf diese Gedankenwelt gestoßen bin, womit alles begann. Bereits sehr früh, schon als kleiner Junge, war ich immens interessiert an unserer Gedankenwelt. Erstmals fiel es mir auf, als wir nach dem Tod unseres geliebten Vaters einen Hund bekamen. Die Lehrerin meinte damals zu unserer Mutter: »Ihre Kinder brauchen einen Ersatz. Legen Sie sich doch einen Hund zu.« Zum Geburtstag meines älteren Bruders erhielten wir dann unseren Hund namens Enzo. Er war sein Geschenk. Ein kleiner Cavalier King Charles Spaniel. Es war das wohl tollste Geburtstagsgeschenk für meinen Bruder. Ein wahrhaftiges Geschenk. Der Hund wurde mein Ein und Alles.

Nicht selten kam es vor, dass ich traurig aus der Schule nach Hause kam. Das lag an meiner damaligen Klasse. Ich war im achten Schuljahr und knapp vierzehn Jahre alt. Bei uns gab es Schüler, die den Lehrern Kaugummis in die Haare warfen, kaum hatten diese der Klasse den Rücken zugedreht. Es waren die sogenannten »Fußballschüler«. Die durften während des Mathematikunterrichts offiziell ins Fußballtraining gehen. Diese Fußballklassen waren ein Pilotprojekt. Allerdings gab es dadurch viele Gewaltdelikte, die die Lehrer nicht sehen wollten. Selbst wenn sie es bemerkten, taten sie so, als hätten sie nichts gesehen.

Lange habe ich mich ähnlich verhalten, aber ab einer bestimmten Situation habe ich eingegriffen: Eine Schulkameradin von mir war russischer Herkunft und trug eher altmodische Kleider. Als die Fußballschüler sie wieder und wieder mobbten, griff ich eines Tages ein und half ihr. Ich war vierzehn und allein. Die Fußballschüler bildeten einen Clan von ungefähr fünfzehn Schülern. Das Traurige an der ganzen Geschichte war, dass die meisten Sachen direkt vor dem Fenster des Lehrerzimmers passierten. Doch die Lehrkräfte scherten sich scheinbar nicht darum, geschweige denn, dass sie etwas dagegen unternahmen.

Nachdem ich mir das einige Male angesehen hatte, schrieb ich einen sechsseitigen Brief an den Direktor. In diesem Brief stand jedes einzelne Wort, jede Tat sowie jede weitere geplante Tat, von der ich gehört hatte. Und selbstverständlich habe ich im Brief alle richtigen Namen genannt.

»(…) Ich lernte noch, dass man vor einem Lehrer Respekt haben sollte. Doch was soll ich davon halten, wenn man mich in einen Schacht wirft, den Gitterrost über meinen Kopf wirft, so dass ich im Schacht stecke, und man auf mich spuckt, man Eistee und Cola auf mich schüttet und der eine sogar schon seinen Hosenstall öffnet. Das alles fand nur ein Ende, weil die Klingel ertönte und die Pause zu Ende war – und alles direkt vor dem Lehrerzimmer. Knapp vier Meter und eine große Glasscheibe mit direktem Blick zu den Kaffee nippenden Lehrern trennten diese Tat vom gesegneten, sicheren Lehrerzimmer. Was soll ich nun von diesen Lehrern halten? Weshalb schaute man hin und tat nichts? Nur weil ich meiner Kameradin helfen wollte und die Arbeit der Lehrer übernahm, tat man mir dies an. Weshalb ändert sich nichts? Weshalb sah keine Pausenaufsicht hin? Weshalb war die Pausenaufsicht eigentlich nicht dort, wo sie hingehört? Sollte sich nicht irgendetwas ändern, so werde ich dieses Schreiben an die Schulkommission weiterleiten. Irgendjemand muss ja die Initiative ergreifen. (…)«

Damit konnte ich den Schuldirektor scheinbar überzeugen. Am folgenden Tag wurde ich in ein Zimmer nahe des Lehrerzimmers gebeten. Für mich wurde ein Stuhl vorbereitet, auf dem ich Platz nehmen sollte. Auf dem Stuhl lag mein Schreiben. Ich setzte mich. Vor mir saßen alle Lehrkräfte der gesamten Schule, die mit den entsprechenden Schülern im Entferntesten Kontakt hatten. Gemeinsam bildeten wir so einen Kreis. Und jeder der Lehrkräfte hielt mein Schreiben in den Händen. Da auch die Lehrer im Schreiben namentlich genannt wurden, wusste ich nun, dass diese genau wussten, was ich von ihnen hielt. Doch ich war einfach ich selbst. Im Raum schwebte ein bestimmter Duft. Ich kann mich gut an ihn erinnern. Ein Gemisch aus warmem Kaffee, kaltem Rauch, Druckerpatrone und Angst. Ich war nervös. Und die Lehrer wohl noch mehr, denn sie wussten, dass ich Ehrlichkeit und Wahrheit vertrat. Trotzdem fühlte ich mich beschützt. Ich hatte immer noch Vertrauen in die Lehrkräfte. Und sie wussten, wie sehr ich sie respektierte. Ich erzählte alles. Alles. Das hatte zur Folge, dass die entsprechenden Jugendlichen zur Sitzung hinzugebeten wurden, während alle anderen Schüler unserer Klasse weiterhin Unterricht hatten. Den Schülern wurde mit einem Verweis von der Schule sowie dem Verzicht einer Ausstellung des Zeugnisses gedroht, sollte es noch einen einzigen weiteren ähnlichen Vorfall geben.

Ich hatte danach tagelang Angst, zur Schule zu gehen. Weil ich wusste, dass sie versuchen würden, mich vor allem außerhalb des Schulareals zu verprügeln, dass sie mich verfolgen würden. Deshalb kam ich oft niedergeschlagen von der

Schule nach Hause. Oft auch schweißdurchnässt, weil ich derart schnell mit dem Fahrrad fuhr, damit mich niemand verfolgte. Doch selbst zu Hause klingelte ab und zu das Telefon. Und wenn ich dann den Hörer abnahm, sprach eine laute, energische Stimme ins Telefon: »Morgen bist du tot!«

Alles das beschäftigte mich. Ich war der einzige Schüler, der sich traute, die Wahrheit zu sagen und Initiative zu ergreifen. Der einzige, der im Angesicht der Lehrer Initiative ergriff, für Ordnung und durchführbaren, angemessenen Unterricht, für hilflose Schüler, die keine Angst mehr haben sollten. Bis zum Schulabschluss musste ich wöchentlich dem Direktor Bericht erstatten, über das Verhalten der Schüler wie auch der Lehrer. Man traute also einem Vierzehnjährigen das Mandat über eine objektive Berichterstattung zu.

Letztendlich endete die ganze Geschichte so, dass einige der Fußballschüler Arealverweis und am Ende des Jahres kein Zeugnis ausgehändigt bekamen. Die Regeln und Normen wurden schlagartig innerhalb der gesamten Schule geändert. Die Folgeklassen, so berichtete mir mein ehemaliger Musiklehrer, als ich ihm Jahre später auf der Straße begegnete, seien wesentlich angenehmer gewesen.

Solange ich in dieser Schule war, nahm ich alle diese Emotionen mit nach Hause. Selbst wenn ich es mir nicht anmerken lassen wollte, konnte ich es Enzo, dem feinfühligen Hund, nicht verheimlichen. Denn der Hund spürte meine Traurigkeit immer. Immer. Ich erinnere mich noch genau an ein bestimmtes Bild, als ich eines Tages nach Hause kam und mich schon auf dem Heimweg darauf freute, mit ihm zu kuscheln, ihn zu streicheln und mit ihm zusammen fernzusehen. Als ich zur Tür hereinkam, nahm er seinen Knochen, auf dem er zuvor herumgekaut hatte, sprang auf unseren bestimmten Platz auf dem Sofa und wartete gespannt, bis ich zu ihm kam. Dieses Gefühl, verstanden zu werden, war immens. Es war ein Gefühl der Vertrautheit und Verbundenheit. Ich wurde auch von meiner ganzen Familie und insbesondere meiner Mutter unterstützt. In allem, was ich tat. Doch ich wusste einfach, dass der Hund meine Gedanken lesen konnte. Das war meine allererste Begegnung mit der Gedankenwelt und mit den Fähigkeiten des Lesens des Geistes. Ein einziger Augenkontakt reichte aus, um zu wissen, was in der Seele des anderen vorging. Ich brauchte keine tröstenden Worte. Ich brauchte kein Mitleid. Das Einzige, was ich brauchte, bekam ich durch ihn: das Gefühl der vollkommenen Vertrautheit. Sein Blick reichte mir völlig aus, um die notwendige Sicherheit zu erhalten, dass ich alles richtig machte. Wer dieses Gefühl der Verbundenheit mit einem Menschen teilen darf, kann sich glücklich schätzen. Denn mit einem Menschen ist die Intensität dieser Vertrautheit genauso gegeben – wenn nicht gar noch stärker. Nichts und niemand kann dir dann noch irgendetwas anhaben; weil du schon alles hast, was du brauchst. Weil du Halt und Sicherheit bekommst und geliebt wirst. Alles das gab mir der Hund. Und alle, die ebenfalls ein Haustier haben oder hatten, die wissen, wovon ich rede. Tiere brauchen keine Worte, um dich zu verstehen. Sie versuchen, mit dir, so gut es geht, zu kommunizieren. Sie sind Meister der nonverbalen Kommunikation und haben ein bemerkenswertes Feingefühl.

Dieses Feingefühl löste in mir ein inneres Bedürfnis aus, Übersinnliches bewirken zu wollen. Und ich wusste, dass das gehen würde, wenn man es nur will – und nicht nur das; ich wollte auch die Gedanken des Hundes lesen können. Auf der Suche nach dieser Berufung gelangte ich als Allererstes an Magier und Gedankenmagier und lernte unwillkürlich deren Kunst – die Kunst der Magie, der Trickkunst und der psychologischen Tricks. Jeder Trick hat ein immenses Gedankenkonstrukt hinter sich. Der Magier muss wissen, was sein Gegenüber denkt, hört und sieht.

Aber nun bin ich kein Magier mehr. Dieser Umweg gehörte zu meinem Werdegang. Man wird ja nicht geboren und antwortet mit fünf Jahren auf die Frage »Na, was willst du denn werden, wenn du groß bist?« mit: »Ich will Gedankenleser und diplomierter Hypnotiseur werden.« Jeder hat seinen Werdegang. Meiner war eben dieser. Und wer beispielsweise im Rahmen eines Mathematikstudiums im Nebenfach Soziologie studiert, wird ja Jahre später auch nicht Soziologe genannt. Es gehörte zu seinem Studium. Er musste ein Nebenfach belegen, um Mathematiker zu werden. Mein Nebenfach war die Kunst der Magie, die mich vor allem von der psychologischen Seite her faszinierte. Man war immer einen Schritt voraus.

Mit rund siebzehn Jahren gelangte ich dann auf meine Bahn, für die ich bestimmt war. Ich erhielt die Möglichkeit, die ersten Kontakte zu echten Gedankenlesern und Mentalisten zu knüpfen. Der Begriff Mentalist ist in Europa noch nicht so ausgeprägt wie beispielsweise in den USA. Dort ist Mentalismus eine Suggestionskunst, eine eigene Kunst für sich. In

Europa und insbesondere im deutschsprachigen Raum ist der Mentalismus noch relativ unbekannt. Ich hatte nicht nur diese Kontakte, nein, ich durfte mir auch deren geheimes Wissen aneignen. Beim Radio und Fernsehen sagte ich auf diese Weise erstmals konkrete Fußballresultate und Zeitungsschlagzeilen voraus und sorgte schon damals für mediales Aufsehen. Danach, gleich während meinem Gang zur Maturität, war ich als Gedankenleser unterwegs und ließ mich parallel zum Hypnotiseur ausbilden. Ich zeigte den Menschen auf großer Bühne, wie sehr unsere Gedanken stets über uns herrschen, und demonstrierte die Kraft der Gedanken und der Hypnose. Selbst im internationalen Fernsehen demonstrierte ich, wie leicht wir alle beeinflussbar sind, und habe dort auch Menschen direkt hypnotisiert, sei es allein durch das Gespräch oder durch das Herbeiführen einer Trance.

Entscheidend für meine Fähigkeiten waren nicht nur die Ausbildungen an Instituten, sondern dass ich immer wieder von auserlesenen Mentoren lernen und zugleich tiefgründige Erfahrungen sammeln konnte, die mich, meine Fähigkeiten und meine Berufung bereicherten. Gerade diese Erfahrungen waren entscheidend, neben meinem Talent und meinen Fähigkeiten. Im Jahr 2008 wurde ich vom Star-Mentalisten Uri Geller eingeladen, an seiner TV-Sendung teilzunehmen. Danach war ich bei diversen internationalen Medien als Gedankenleser und Hypnotiseur zu Gast. Parallel nutzte ich mein Wissen, um anderen Menschen zu helfen und sie auf therapeutischem Wege von Ängsten, Süchten, anderen Problemen und Krankheiten zu heilen; und später, um erste Firmenbereiche zu coachen.

Mittlerweile bin ich an einem Punkt angelangt, an dem ich davon überzeugt bin, dass ich mit meinem Wissen selbst dir helfen kann. Ich möchte, dass du von mir lernst, wie du Menschen liest, sie einschätzt und deren Gedanken fühlst. Dass du lernst, dich auf deine eigenen mentalen Fähigkeiten zu verlassen. Und ich spreche nicht von Fähigkeiten, wie Löffel zu verbiegen oder Gegenstände telekinetisch zu bewegen, sondern von mentalen Fähigkeiten, die jeder von uns in sich trägt, die aber im Laufe der Evolution und der Sozialisierung nach und nach verloren gingen. Du sollst mit meiner Hilfe die Fähigkeit erlangen, Lügner zu entlarven und in Menschen zu lesen und diese positiv zu beeinflussen. Denn dein Geist und insbesondere dein Unterbewusstsein ist zu Unglaublichem fähig, von dem du vielleicht noch gar nicht ahnst, dass du es kannst.

Hier kurz einige wissenschaftliche Fakten zu dem, was ich meine: Unser Unterbewusstsein macht über neunzig Prozent unseres Geistes aus. Achtung, unbewusst ist nicht unterbewusst! Unterbewusste Prozesse betreffen immer das Unterbewusstsein. Unbewusste hingegen sind solche, die wir nicht bewusst steuern können, wie der Herzschlag oder das Ein- und Ausatmen. Umgangssprachlich verwendet man oft fälschlicherweise den Begriff »unbewusst« anstelle von »unterbewusst«.

Wir wissen heute, dass wir bewusst nur eine sehr eingeschränkte Wahrnehmungskapazität haben. Genau genommen sind es sieben bis zwölf Bit an Informationen, die wir bewusst wahrnehmen können. Das ist eine Maßeinheit, die du nicht kennen musst, aber kurz erklärt, denke dir etwa sieben

Gegenstände, die du dir merken musst. Merkst du dir alle sieben gleichzeitig, so ist dein Bewusstsein ausgeschöpft; sprich, dann sind die maximalen zwölf Bit an Informationen erreicht, die unser Bewusstsein auf einmal aufnehmen kann. Alle anderen Informationen rund um dich herum werden nun nur noch von deinem Unterbewusstsein aufgenommen. Aber sie werden wahrgenommen und sogar in deinem Unterbewusstsein abgespeichert. Dieses kann bekanntlich über achttausend Terabytes an Informationen aufnehmen. Forscher gehen davon aus, dass dieses Speichervolumen in einem Menschenleben nie gefüllt werden kann. Unser Unterbewusstsein ist also in einem stetigen Lernprozess und nimmt einfach alle Informationen auf und speichert sie ab. Es hat aber nicht die Fähigkeit, die Inhalte zu bewerten. Dank diesem stetigen Abspeichern aller Einflüsse sind wir später in der Lage, die Inhalte durch den bewussten Zugang zum Unterbewusstsein wieder abrufen zu können.

Damit du es dir visuell vorstellen kannst, habe ich ein spannendes Bild für dich: Stell dir vor, du hältst einen Laserpointer in deiner Hand. Nun gehst du hinaus unter die Leute und setzt dich in ein Café. Dann zielst du mit deinem Laserpointer auf alle Einflüsse um dich herum. (Achtung: das ist nur ein Gedankenkonstrukt – bitte auf keinen Fall nachmachen!) Beispielsweise zielst du damit auf das Hemd des Kellners, auf eine Beschriftung im Schaufenster und auf die Schuhe der Kellnerin. Stell dir nun vor, dass du alle diese Informationen, auf denen der Laserstrahl gerichtet war, bewusst wahrnehmen könntest. Alle anderen, wie beispielsweise den Duft der gerösteten Kaffeebohnen, das Telefongespräch der Dame, die hinter dir sitzt, oder die Farbe der Krawatte des Kellners, würdest du lediglich unterbewusst wahrnehmen können. Was wir also bewusst wahrnehmen, ist bloß ein Bruchteil von allen anderen, unterbewussten Informationen.

Auf diesem Hintergrund beriet ich bereits einige Firmen bei der Planung neuer Werbekampagnen, weil genau diese Beeinflussungsweise bei Werbeplakaten und TV-Spots bestens funktioniert. Wenn also James Bond einen unheimlichen Stunt vollbringt, unzählige Bösewichte eliminiert und dann zusammen mit ein paar reizenden Damen in seinem Sportwagen davonflitzt, dann wollen die Männer, die sich diesen Film anschauen, keinen Sportwagen, weil der Wagen so ein schönes, tiefes Blau hat, sondern sie wollen ihn, weil ihr Unterbewusstsein während des Kinofilms gelernt hat, dass man, wenn man einen solchen Wagen fährt, cool ist und viele attraktive Frauen angeln kann. Ein Lernprozess fand statt.

Schon Siegmund Freud, ein legendärer Psychologe und Pädagoge, meinte, dass unser Bewusstsein nur die Spitze des Eisberges ausmacht.

Wir werden also nicht nur von unseren bewussten Gedanken geführt, sondern auch von unseren unterbewussten. Und wo sitzt das Unterbewusstsein bei einer Entscheidung, bei einer Annahme oder dem emotionalen Grad einer Wahrnehmung? Es ist unser Bauch. Alle unsere emotionalen Entscheidungen kommen aus den Tiefen unseres Bauches. Weil unser umgangssprachlicher »Bauch« der Kern unseres Unterbewussten ist. Der Bauch, der kann nur fühlen und nicht denken. Und wer eine Entscheidung aus dem Bauch heraus trifft, der hat das nach seinem Gefühl getan. Natürlich spielt unser Kopf auch eine wichtige, bewertende Rolle, doch der Bauch ist zu diesem Zeitpunkt deutlich mächtiger.

Fjodor Michailowitsch Dostojewski, ein russischer Schriftsteller, sagte einst:

»Man kann vieles unbewusst wissen,
indem man es nur fühlt, aber nicht weiß.«

Nicht nur Liebe geht durch den Magen – sondern auch Gefühle, Worte und vor allem Gedanken. Und so begann meine Geschichte. Angespornt durch den Bauch und den Geist des Hundes. Sein Tod war unausweichlich und schmerzhaft. So schmerzhaft wie kaum etwas zuvor. Doch nun weiß ich, dass diese Begegnung unserer beiden Seelen so sein musste. Und dass ich ihm unheimlich viel zu verdanken habe.

Die Erinnerung an ihn begleitet mich jede einzelne Sekunde. Denn sie ist der Grund dafür, weshalb ich tue, was ich tue.

Rivalisierende Hunde

Oft haben wir das Gefühl, das Gegenüber zu verstehen. Nicht selten leben Menschen mit anderen zusammen, jahrelang, und erst wenn es scheinbar zu spät ist, merken sie, dass der Partner ja überhaupt nicht der ist, für den er sich ausgibt. Bevor ich dir eine Anleitung dafür gebe, wie du Menschen besser einschätzen kannst, möchte ich dir einen simplen Fall beschreiben: Zwei Hunde begegnen sich. Beides Rüden. Beide fletschen die Zähne, senken die Köpfe und knurren sich so laut wie möglich an. Beim einen stellt sich der Balg auf. Und allmählich kommen sich beide immer näher und näher. Auf einmal geschieht etwas Unerwartetes: Einer der beiden Rüden dreht seinen Kopf zur Seite. Sein Konkurrent nähert sich langsam, schnuppert an ihm und lässt ihn mit einem einschüchternden Knurren laufen.

Ich bin mir sicher, dass du so eine oder eine ähnliche Situation schon einmal beobachten konntest. Doch was geschieht in einem derartigen Moment genau? Schauen wir uns dieselbe Situation nochmals in Zeitlupe an: Beide Hunde halten engen Augenkontakt. Keiner will wegschauen und keiner will überflüssige oder zu schnelle Bewegungen machen. Denn jede Bewegung könnte der Konkurrent als Möglichkeit zum Angriff betrachten. Also müssen sich beide Hunde sehr intensiv aufeinander konzentrieren und jede einzelne Bewegung bedacht durchführen. Aber bevor das rivalisierende Ritual seinen Höhepunkt erreicht, schaut einer der beiden Hunde zur Seite. Weshalb tut er das? Ganz einfach: Er schaut nicht einfach weg, um ihm zu symbolisieren, dass er sich nicht für ihn interessiere. Nein. Er zeigt seinem Konkurrenten den Hals. Und dafür muss er nun einmal wegschauen. Weshalb zeigt er ihm seinen Hals? Auch diese Erklärung wird dir einleuchten: Der Hals ist unsere schwächste Stelle. Wer auf seinen Hals nicht achtgibt, könnte seinen Kopf verlieren. Und wir alle wissen, wenn nicht bewusst, dann unterbewusst, dass wir beim Verlust eines Armes oder eines Beines nicht gleich verenden würden. Aber beim Verlust unseres Kopfes ist uns der Tod gewiss. Will ein Tiger eine Antilope möglichst rasch erlegen, so beißt er sie in den Hals. Wir wissen also aus der Erfahrung unserer Evolution, dass der Hals eine unserer verwundbarsten Stellen, wenn nicht gar die verwundbarste überhaupt ist.

Indem der Hund seinem Rivalen den Hals zeigt, zeigt er ihm zugleich seine verwundbarste Stelle. Er zeigt ihm damit, dass er harmlos ist. Das ist das Zeichen für den Rivalen, dass er sich ihm nähern und ihn und seinen Duft wahrnehmen darf. Man kann es damit vergleichen, wenn wir Menschen beide Hände in die Höhe halten und uns ergeben. Weil der Hund – der potenzielle Rivale – seine schwache Stelle enthüllt, ist er ihm automatisch unterlegen. Die hierarchische Ordnung ist wiederhergestellt. Um dies zu unterstreichen, folgt vom Sieger noch das einschüchternde Knurren.

Übertragen wir das nun auf uns Menschen, so wird uns allmählich so einiges klar. Zum Beispiel, weshalb wir unseren Hals gerne mit Halsketten betonen oder ihn eben, wenn wir uns nicht gut fühlen, mit einem Schal schützen. Jetzt können wir dieses Wissen zu unserem Vorteil nutzen. Wenn ich meinem Gegenüber also meinen Hals deutlicher zeige, so symbolisiere ich dessen Unterbewusstsein, dass sie oder er sich mir nähern darf. Eben weil ich ihr oder ihm meine verwundbarste Stelle zeige und anvertraue.

Vielleicht ist dir schon einmal aufgefallen, wie oft wir in diversen Parfüm-Werbungen den Hals attraktiver Frauen und Männer gezeigt bekommen. Natürlich stehen dahinter Werbeagenturen, die wissen, dass das Sprichwort »Sex sells« auch heute noch gilt. Doch weshalb sie den Hals als Fokus verwenden, ist ihnen wohl kaum bewusst. Die einen oder anderen mögen denken, dass der Hals eine erogene Zone sei und deshalb auf den Zuschauer derart attraktiv wirkt. Natürlich ist der Hals auch sehr empfindlich. Schließlich sitzen im Hals unvorstellbar viele Nervenzellen. Doch in Wirklichkeit machen wir in derartigen Werbespots lediglich das Unterbewusstsein empfänglich.

Das darfst du auch gern mal im realen Leben ausprobieren. Du wirst erstaunt sein. Angenommen, du bist eine junge Dame und möchtest heute Abend flirten. Du sitzt in einem Club in einer Lounge und hast einen Mann im Visier, der dir besonders gefällt. Er scheint dir sympathisch und nett. Und, kaum zu fassen, aber er hat doch tatsächlich schon Blickkontakt mit dir aufgenommen. Nun, was könntest du jetzt tun? Abwarten, bis er dir einen Drink spendiert? Ihn als Frau ansprechen? Tun das Frauen? Müssen nicht die Männer die Initiative ergreifen? Hier könntest du einen kleinen Trick anwenden. Einen Trick, um sein Unterbewusstsein mental anzusprechen, ohne dass du etwas sagst oder etwas zu Auffälliges machen musst. Du musst lediglich deine Hand an deinen Hals legen und ihn sanft streicheln. Schau ihn dabei an und warte ab, bis er dich anschaut. Zeige ihm, dass diese Berührung lediglich ihm gewidmet ist, indem du ihm kurz in die Augen siehst, dann jedoch wieder wegschaust. Bleibe jedoch mit deiner Hand an deinem Hals. Vielleicht gönnst du ihm erneut einen sanften Blick. Von nun an ist der Ball bei ihm. Auf jeden Fall hast du auf diese Weise seinem Unterbewusstsein kommuniziert, dass du ihm deine verwundbarste Stelle anvertraust. Er wird bewusst nicht verstehen, weshalb er auf einmal den Drang empfinden wird, sich dir zu nähern.

Ebenfalls hilfreich ist das Tragen einer Halskette, die den Fokus auf den Hals verstärkt, oder das Öffnen eines Schals oder eines Krawattenknopfes. Alle diese Reize kommunizieren dem Unterbewusstsein unseres Gegenübers, dass sie oder er uns vertrauen kann und wir ihr oder ihm sogar unsere verwundbarste Stelle zeigen. Ein unterbewusster Aufruf zur Kontaktaufnahme. Versuche es. Du wirst erstaunt sein.

Ich habe dir dieses Beispiel hier erzählt, um dir zu zeigen, dass ein Mensch auch nur ein Mensch ist. Sei es ein Bauarbeiter oder ein Neurochirurg. Alle sind wir nur Menschen und haben ähnliche Denkprozesse. Alle haben wir ein Unterbewusstsein, das deutlich empfänglicher ist als unser Bewusstsein. Und wir alle wurden von der Evolution geprägt.

So oft versuchen wir, das Reich der Tiere und Pflanzen zu verstehen, um daraus unseren Profit zu machen oder um die Welt zu verbessern. Angespornt von den Vögeln lernten wir fliegen. Durch das Vorbild der Libelle entwickelten wir Helikopter. Mittels pflanzlicher Extrakte lernten wir zu heilen. Aber würden wir lernen, den Menschen besser zu verstehen, so würden sich auch viele mentale Probleme lösen lassen, noch bevor man zu den Schusswaffen greift. Würden wir lernen, vorerst mal uns selbst zu finden, so würden sich einige offene Fragen klären.

Würden wir also uns selbst und andere Menschen besser verstehen, so könnten wir Wunder bewirken. Eigentlich müssen wir nur zurückschauen, uns als Mensch und als Teil der Evolution betrachten und erkennen, dass die Evolution auch an unserem Hals haltgemacht hat.

Mentaler Tipp: Flirten

Zeige deinem Gegenüber deinen Hals. Hier mehrere Möglichkeiten:
- *Bewusst streichelst du während des Gesprächs mit deiner Hand über deinen Hals.*
- *Du zeigst mit dem Zeigefinger auf deinen Hals, indem du den Finger leicht auf den Hals legst und ihn gegebenenfalls kurz streichelst.*
- *Gleichzeitig stellst du dezent Augenkontakt her.*
- *Als Mann streichelst oder reibst du an deinem Bart.*
- *Du trägst einen Schal oder eine Krawatte und öffnest diese im Laufe des Gesprächs.*
- *Du trägst eine Halskette, die den Fokus auf deinen Hals unterbewusst verstärkt.*

Ziel: Das Unterbewusstsein anderer ansprechen und Menschen für sich gewinnen.

Beeinflussung ist keine Manipulation

Oft werde ich gefragt, ob das nicht unmoralisch sei, wenn man dem Gegenüber derart geistig überlegen sei, ob man das nicht manipulativ ausnutzen könne. Grundsätzlich möchte ich hier eines feststellen: Du wirst niemals jemanden gegen seinen Willen beeinflussen, sprich manipulieren, können! Natürlich gibt es geistige Manipulationsformen, die ich auch kenne und die nicht viel mit dem Willen zu tun haben. Diese Art Manipulationen erleben wir tagtäglich. Durch jedes Werbeplakat werden wir manipuliert, ebenso durch die Anordnung der Artikel im Warenhaus. Durch unseren Versicherungsberater. Ja, auch durch Freund oder Freundin. Wir versuchen stets, uns gegenseitig zu beeinflussen. Aber wo endet eine Beeinflussung und wo beginnt die Manipulation? Ist nicht jede Beeinflussung auch ein Stück weit eine Manipulation?

Für mich beginnt eine Manipulation dort, wo der andere zu einem Verhalten gebracht wird, das er eigentlich gar nicht möchte. Wenn ein externer Einfluss mich zu einem Verhalten zwingt, das ich, dürfte ich völlig frei entscheiden, so nicht aufzeigen würde. Der Wille des Gegenübers ist natürlich auch entscheidend.

Ich gehe hier in meinem Buch davon aus, dass wir unser Gegenüber lediglich positiv beeinflussen möchten, indem wir lernen, uns gegenseitig zu verstehen und zu fühlen und uns gerecht wahrzunehmen. Ich gehe davon aus, dass dein Gegenüber mit dir auf eine Wellenlänge gelangen möchte. Denn solange die Bereitschaft des anderen zu einem positiven Beisammensein nicht vorhanden ist, wirst du dein Gegenüber auch nicht oder nur sehr schwer beeinflussen können. Es wird dir also, auch mit dem Wissen dieses Buches, nicht gelingen, deinen Gesprächspartner zu manipulieren. Du wirst ihn eventuell beeinflussen können, ihn aber nicht manipulieren. Manipulatives Wissen würde mir wie auch meinem Gegenüber nichts nützen. Oder willst du, dass er etwas tut, was er eigentlich gar nicht möchte?

Im Übrigen kann auch niemand gegen seinen Willen hypnotisiert werden. Der Wille ist sehr entscheidend. Wenn ich im Fernsehen Menschen hypnotisiere, so funktioniert das nur deshalb, weil meine Probanden es auch wirklich wollen. Andernfalls würde es nicht klappen. Folglich würde auch eine Art Manipulation gegen den Willen des Gegenübers nicht funktionieren. Wenn sie funktioniert, dann wollen es diese Menschen so. Dann wollen sie manipuliert werden. Nehmen wir zum Beispiel junge Damen, die sich von älteren, vermögenden Herren förmlich finanziell bestechen lassen. Sie weisen oft ein Verhalten auf, nämlich das Vorspielen einer glücklichen Beziehung, weil sie vom Liierten negativ beeinflusst, sprich manipuliert, wurden – durch Bestechung. Doch nochmals: Diese Menschen wollen negativ beeinflusst werden und können sehr wohl ernst gemeinte von bestechlicher Liebe unterscheiden.

Natürlich gibt es leider auch Menschen, die in einer derart negativen zwischenmenschlichen Lage sind, dass sie von anderen, auf die sie psychisch oder zwischenmenschlich angewiesen sind, stets zu einem bestimmten Verhalten gedrängt werden, obwohl sie es, wenn sie tief in sich hineinhören würden, gar nicht möchten. Beispielsweise wenn der Ehemann der ist, der in einer Beziehung die Hosen anhat und der Frau sagt, wo es langgeht. Oder Menschen, die in einer verzweifelten Lage sind und anderen nur glauben und folgen, weil sie so endlich einen Ausweg aus ihrer verzwickten Lage sehen. In allen Fällen appelliere ich an deine Moral, solche Menschen nicht zu deinem Nutzen zu lenken. Du könntest sie auch ohne mein Wissen leicht beeinflussen, dennoch möchte ich es erwähnt haben.

Du wirst all dieses Wissen, das ich dir hiermit weitergebe, bitte lediglich zu positiven Zwecken verwenden. Tue es. Ich lege es dir sehr ans Herz. Steigere unser zwischenmenschliches Verständnis. Langfristig wirst du erkennen, welche Energien du damit freisetzen wirst – zwischenmenschlich wie auch individuell.

Kommunikation

Wir glauben zu kommunizieren und doch reden wir aneinander vorbei. Viele Kommunikationsexperten glauben zu wissen, wie man korrekt kommuniziert. Von ihnen hört man oft Sätze wie: »Wenn wir richtig kommunizieren wollen, müssen wir erst einmal wissen, was Kommunikation eigentlich bedeutet. Wie also lautet die Definition von Kommunikation?«

Toll, ich muss auch die Definition von Autofahren, Führerschein und Straßenampel kennen, um ein guter Automobilist zu sein. Um Mutter zu werden, muss ich also die Definition von »Kind« und »Erziehung« wissen. Und im besten Fall muss ich alle erdenklichen Erziehungsstile kennen, um mein Kind bestmöglich erziehen zu können. Unsinn. Du hast hoffentlich meine Ironie herausgehört.

Ich kann dir aufzeigen, was Kommunikation aus meiner Sicht bedeutet und wie ich ihr volles Potenzial ausschöpfe, um Menschen und ihre Gedanken zu lesen. Und wie man eine Situation schafft, um die Kommunikation optimieren zu können. Dabei behaupte ich nicht, dass meine Theorien die einzige Wahrheit sind. Aber ich weiß, dass meine Wahrheit dir meine Erfahrung als Gedankenleser, das geheime Wissen und den praktischen Wert bieten kann.

Zu allererst möchte ich wieder auf Dostojewskis Zitat zurückkommen:

»Man kann vieles unbewusst wissen, indem man es nur fühlt, aber nicht weiß.«

Oftmals haben wir das Gefühl, etwas zu wissen, ohne dass wir genau sagen können, woher unsere Annahme kommt. Wir wissen es einfach, weil wir es fühlen. Einige Menschen merken auch, ob jemand gerade gelogen hat, ohne genau zu wissen, bei welchem Wort die Lüge kreiert wurde, einfach weil sie es fühlen. Viele leben mit der Einstellung, dass es Menschen gibt, die man auf Anhieb mag, und andere, die man einfach nicht riechen kann. Auch das scheinen sie einfach zu wissen, indem sie es fühlen, es aber nicht wirklich faktisch belegen können. So hat jeder seine Annahmen.

Es gibt verschiedene Möglichkeiten, wie ich kommuniziere und mit meinem Umfeld umgehe. Die einen wollen sich gar nicht mit jeder und jedem verstehen, die brauchen Menschen, die sie nicht riechen können. Andere wollen sich mit möglichst vielen gut verstehen. Ich kann und will dir hier als Berater von Firmen und als Kommunikationstrainer lediglich zeigen, wie du die Kommunikation mit deinen Mitmenschen derart positiv gestalten kannst, dass eine möglichst angenehme Atmosphäre erzeugt wird, auch wenn ihr euch eigentlich von Grund auf nicht verstehen könntet. Dir jedoch aufzuzeigen, wie du den Kontrast zu der Person, die du nicht riechen magst, verstärken kannst, wäre unsinnig.

Meist scheitern wir daran, dass wir uns von der schlechten Kommunikation anderer Menschen beeinflussen lassen.

Beispielsweise schreien viele zurück, wenn sie angeschrien werden. Und schon ist der Eklat vorprogrammiert. In den folgenden Kapiteln zeige ich dir diverse Aspekte meiner Kommunikation. Aspekte, die deine Fähigkeiten im mentalen Bereich ausbauen werden. Fähigkeiten, die du bereits besitzt. Du musst sie lediglich erkennen.

Nonverbal kommunizieren

Wir meinen, wenn wir die richtigen Worte verwenden, könne nichts schiefgehen. Viele machen sich nicht einmal Gedanken darüber, die passenden Worte auszusuchen. Sie reden einfach darauf los. Doch oftmals wissen wir nicht, wie viel wir nonverbal eigentlich schon kommunizieren, ohne es zu merken. Unsere nonverbale Kommunikation macht nämlich die Mehrheit der Gesamtkommunikation aus. Diverse Studien berichten von einem Anteil von bis zu fünfundneunzig Prozent an nonverbaler Kommunikation.

Was heißt das? Das heißt, dass wir durch unsere Mimik, unsere Gesten, unsere Gangart, unsere Intonation und Sprachhygiene mehr von uns preisgeben, als wir denken. Die Bedeutung der gesprochenen Worte ist nicht unwichtig, doch bei Weitem nicht so entscheidend wie unsere nonverbale Kommunikation. Unser Bewusstsein hat die Aufgabe, die richtigen Worte zu finden und so in Sätzen zu formulieren, dass alles sinnvoll ist. Damit ist unser Bewusstsein bereits mehrheitlich ausgelastet. Deshalb kommunizieren wir nonverbal zumeist unterbewusst. Sollten wir versuchen, bewusst nonverbal zu kommunizieren, dann würden wir unsere verbale Präsenz vernachlässigen. Unser Unterbewusstsein redet also mehr, als wir denken. Man nennt das auch ideomotorische Signale. Also Signale, die vom Unterbewusstsein ausgesendet werden. Wenn wir bei der Emotion »Ekel« die Nase rümpfen, dann tun wir das zumeist nicht bewusst. Wir tun es unterbewusst. Solche unterbewussten Signale haben wir nicht unter Kontrolle. Es ist grundsätzlich sehr schwierig, die unterbewusste Kommunikation zu kontrollieren.

Viele Coaches versuchen, die gesamte nonverbale Kommunikation aller Menschen in ein Schema zu packen. Also eine Schablone anzufertigen. Das sind dann diejenigen, die behaupten, dass verschränkte Arme »Ablehnung« bedeuten. Ich halte das für falsch. Verschränkte Arme können alles andere als Ablehnung oder Abneigung bedeuten. Sogar nur in den wenigsten Fällen bedeuten sie Abneigung. Wenn es kalt ist, verschränken wir die Arme, um uns aufzuwärmen. Um unsere schweren Arme zu entlasten, verschränken wir sie ebenfalls. Oder wenn wir unseren Schwerpunkt zentrieren und somit überflüssige Handlungen unserer Arme vermeiden wollen. Verschränkte Arme können durchaus ein Zeichen der psychischen und physischen Entspannung sein. Und wer jemandem gegenüber ablehnend ist, ist in den wenigsten Fällen entspannt.

Daran sieht man, dass es nicht einfach ist, eine Schablone für die nonverbale Kommunikation zu erstellen. Es gibt in der Tat Signale, die evolutionsbedingt sind, sprich sich im Laufe der Evolution manifestiert haben, und bei der Mehrheit aller Menschen auf unserer Erde ähnlich sind.

Sobald wir in China sind, ist auch die nonverbale Kommunikation eine völlig andere als hier in der Schweiz oder in Deutschland. In Italien haben bestimmte Gesten eindeutige Bedeutungen. In anderen östlichen Staaten ist es beispielsweise eine Sünde, wenn man seinem Gesprächspartner die Fußsohle zeigt, zum Beispiel, wenn man das Unterbein über den Oberschenkel legt. Hier in der Schweiz tut dies keinem etwas zuleide, wenn das jemand macht.

Es gibt auch ideomotorische Signale, die aus der Kindheit stammen und operant erlernt wurden. Sprich ein erlerntes Verhalten, das unser Unterbewusstsein im Laufe der Entwicklung entsprechend geprägt hat. Beispielsweise schlagen wir, wenn wir klein sind, oft die Hände vor den Mund, wenn wir uns verraten haben. Das tun wir im erwachsenen Alter dann immer noch. Wenn auch nicht derart auffällig. Aber unser Unterbewusstsein hat es gelernt. Wenn wir uns verraten, lügen oder sonst etwas kognitiv präsent haben, was nicht heraus sollte, so versuchen wir, dies meist unterbewusst aufzuhalten respektive gleich beim Mund mit den Händen abzufangen.

Meist reagieren wir sogar noch genauso wie damals, als wir noch Kind waren. Wir wollen immer noch unsere Hände vor den Mund schlagen. Doch kurz bevor sie beim Mund ankommen, bemerkt unser Unterbewusstsein, dass wir ja vernünftige, rationale, erwachsene Menschen vor uns stehen haben, die diese Geste von sich kennen und bemerken würden, dass wir gelogen oder uns verraten haben. Folglich macht unsere Hand immer noch intuitiv die Bewegung in Richtung Mund und weicht dort anschließend irgendwie aus. Beispielsweise indem die Hand kurz die Nase kratzt oder kurz am

Ohrläppchen zupft. Oft legen wir auch unseren Zeigefinger vor unsere geschlossenen Lippen, um sie daran zu hindern, etwas rauszulassen. Es gibt eine Vielzahl derartiger Verhaltensmuster. Alle erfolgen sie unterbewusst. Mein Rat an dich ist folgender: Versuche, den Menschen als Ganzes zu sehen. Versuche, dir den Titel dieses Buches zu Herzen zu nehmen: »Ich sehe dich.« Versuche, dein Gegenüber zu sehen und auch nonverbal als Ganzes zu erkennen. Ihn vollkommen und ganz wahrzunehmen. Ihn zu verstehen, weshalb er welche Geste ausgeführt hat. Zu verstehen, weshalb dein Gesprächpartner dir die Schulter zuwendet oder dir nicht in die Augen sehen kann. Ich mag dir keine Schablonen geben. Es liegt an dir, deinem Unterbewusstsein beizubringen, andere Menschen zu lesen.

Ich könnte dir beispielsweise sagen, dass du, wenn du deinem Gesprächpartner gegenüberstehst, auf die Distanz eurer Becken achten musst. Dass, je mehr sich dein Gegenüber mit seinem Becken von deinem entfernt, desto größer die zwischenmenschliche Distanz ist. Das kann man gezielt versuchen zu verbessern. Zum Beispiel, indem ich mein Becken leicht drehe, sodass sie sich nicht frontal gegenüberstehen, sondern so, dass ein spitzer Winkel zwischen unseren beiden seitlichen Beckenknochen entsteht. Das heißt, ein Winkel, der geringer ist als neunzig Grad. Somit kann ich meinem Gegenüber mit dem Becken näher sein, obwohl das Gesicht dieselbe angenehme Distanz wahren kann. Andernfalls wird es dem Gesprächpartner unangenehm, wenn wir mit dem Becken derart nahe beieinander sind, sprich uns frontal gegenüberstehen.

Alle diese durchaus hilfreichen Theorien sollst du jedoch nicht gebrauchen müssen, sondern ich möchte dich in diesem Buch anspornen, diese Erfahrungen selbst zu machen. Selbst zu lernen, dein Gegenüber zu lesen. Denn jeder Mensch ist anders. Man kann sie in keine Schubladen packen. Aber man kann jeden Menschen lesen.

Mentaler Tipp: Nonverbale Kommunikation

Nimm dein Gegenüber vor allem nonverbal bewusster wahr.
– *Achte auf die Distanz der Becken. Wenn sie zu groß ist und du ein größeres Vertrauensverhältnis herstellen möchtest, so richte dein Becken in einem spitzen Winkel (bis maximal neunzig Grad) zum Becken deines Gesprächspartners aus.*
– *Achte auf überflüssige Handlungen wie ein Zupfen am Ohrläppchen oder ein Kratzen an der Nase.*
– *Achte auf Zeichen der Nervosität wie beispielsweise Herumspielen mit Gegenständen oder ein Wippen mit dem Fuß.*
– *Achte darauf, ob die Gesten verbal kongruent sind – also mit den Worten ungefähr übereinstimmen.*

Ziel: Erkennen deines Gegenübers, um gegebenenfalls das zwischenmenschliche Verhältnis zu verbessern.
Aber das Wichtigste: Nimm dein Gegenüber als Ganzes wahr. Versuche, ihn im Gesamten zu sehen.

Empathische Fähigkeiten

Empathie ist die Fähigkeit, sich in andere Menschen hineinzuversetzen. Und genau das ist es: eine Fähigkeit, die man trainieren, die man ausbauen oder die man als unnütz ansehen und sie beiseitelegen kann. Immer öfter staune ich, wie viele Menschen, die eigentlich alles Erdenkliche haben, um sich und ihr Leben glücklich schätzen zu können, dennoch kaum Empathie besitzen.

Das beobachte ich beispielsweise an der Kasse im Warenhaus. Etliche, die einen vollgestopften Einkaufswagen vor sich herschieben, würden niemals daran denken, den Kunden hinter sich, der es gegebenenfalls eilig hat und lediglich zwei Artikel mit sich trägt, vorzulassen. Oder wie viele Menschen geben eine auf der Straße gefundene Brieftasche mitsamt dem ganzen Inhalt beim Fundbüro ab? Nur sehr wenige.

Schon lange beschäftige ich mich mit dem prosozialen Verhalten. Diesem menschlichen Verhalten, das primär anderen Menschen dient und nicht an erster Stelle mir selbst.

Viele entschuldigen ihr egoistisches Verhalten mit Ausreden wie »Ich hatte keine Zeit und wäre zu spät zur Arbeit gekommen, hätte ich dem älteren Herrn, der auf dem Glatteis gestürzt ist, geholfen.« Auch sind solche Ausreden beliebt, die auf der Annahme beruhen, dass alle anderen ebenfalls egoistisch seien: »Hätte ich meine Brieftasche auf der Straße verloren, so hätte ich diese, wenn überhaupt, auch nur ohne Geld zurückerhalten. Und außerdem: Hätte ich das Geld nicht genommen, so hätte es jemand anderes bekommen.« Verantwortungsdiffusion, Abgabe der eigenen Verantwortung.

Die Menschen versuchen also, ihr Verhalten immer zu entschuldigen. Sei es, dass die Zeit fehlt oder dass sie die Verantwortung auf andere übertragen. Selten bis nie höre ich: »Hätte ich meine Brieftasche verloren, so würde ich mich freuen, wenn ich diese vollständig zurückbekommen würde.« Und genau in diesem einen Satz ist sie enthalten. Genau hier drin befindet sie sich, die Empathie. Das Gefühl, sich in andere hineinversetzen zu können. Wenn du das machst, so bist du allen anderen bereits jetzt einen großen Schritt voraus. Oft traut man sich nicht, diese Einstellung einzunehmen. Die Abneigung gegenüber der Empathie ist meist überhaupt nicht böse gemeint. Es ist ein gewöhnlicher Schutzmechanismus des Menschen. Wir haben im Laufe unserer Evolution gelernt, dass es besser ist, dass wir, sollte unser Steinzeitfreund von Feinden aufgespießt werden, ihm nicht helfen, sondern davonlaufen. Es ist besser, sein eigenes Leben nicht auch noch aufs Spiel zu setzen, zumal es für das Leben des Freundes sowieso zu spät ist.

Etliche Menschen vermeiden prosoziales Verhalten, weil sie Angst haben, die Situation falsch zu bewerten. Wenn ich beispielsweise einen Menschen auf dem Boden liegen sehe, so könnte der dort auch einfach nur schlafen oder sich hingelegt haben. Oder vielleicht ist es ein Obdachloser, der nur seine Ruhe haben möchte. Und wenn schon alle anderen nicht reagieren, so werde ich die Situation wohl nicht anders einschätzen müssen als alle anderen. Genauso kann es auch mit dem Empathievermögen sein. Viele Menschen trauen sich nicht, empathisch zu sein. Aus Angst davor, falsch zu liegen, Fehler zu begehen und alles zu vermasseln.

Doch was kann Empathie bewirken? Eigentlich ist sie eine Wunderwaffe. Eine geheime Waffe, die, richtig angewendet, in Verbindung mit paar Tipps und Tricks und insbesondere mit mentalem Wissen, uns deutlich weiter bringen kann, als sämtliches egoistisches Verhalten es tut. Sei es bei einem Verkaufsgespräch oder beim Umwerben eines potenziellen Partners.

Angenommen, ich stehe einem Menschen gegenüber, von dem ich irgendetwas möchte, was er mir mit nur geringer Wahrscheinlichkeit geben wird. So habe ich diesbezüglich zwei Möglichkeiten. Entweder ich zeige ihm, dass ich hart und direkt bin und etwas von ihm will, oder ich versuche, meine Empathie spielen zu lassen. Durch die Empathie habe ich deutlich mehr Vorteile. Beispielsweise kann ich auf diese Weise meine Fähigkeiten im Gedankenlesen respektive im Fühlen der Gedanken ausbauen. Wenn ich mich in mein Gegenüber hineinversetzen kann, weiß, was es sieht, fühlt, hört und was es denkt, dann fällt es mir leichter, seinen momentanen Gedanken zu folgen. Auf diese Weise kann ich versuchen zu erahnen, was mein Gegenüber am liebsten hören möchte.

Oft machen das zum Beispiel Männer mit ihren Frauen. Jedoch meist leider ohne allzu großes Empathievermögen. Der Mann will etwas von der Frau und weiß aus Erfahrung, was sie hören will. Et voilà – es klappt.

Diese Art der situativen Empathie ist nicht allzu schwierig. Schwieriger wird es, wenn die ganze Persönlichkeit und deren Vergangenheit mit ins Spiel kommen. Schaue ich mir mein Gegenüber ganz genau an, erkenne ich, welche Kleidung es trägt, welchen Schmuck. Wie der Drang zur Ästhetik wirkt und wie ausgeprägt die Körperpflege ist, so kann ich daraus schon einiges über die Persönlichkeit ableiten. Und ich kann versuchen, mich in das Gegenüber hineinzuversetzen, kann versuchen zu verstehen, weshalb genau dieser Schmuck und genau diese Schuhe getragen werden.

An dieser Stelle wäre es falsch, irgendwelche Allgemeinplätze aufzulisten. Jeder Mensch hat seine eigene Persönlichkeit. Jeder wuchs in einem Elternhaus auf, das eigene Normen und Einstellungen hatte, politisch wie religiös.

Oft fällt es uns nicht leicht, zu erkennen, welche Persönlichkeit vor uns steht. Manchmal braucht es ein paar Minuten, um die Person und deren Charakter zu erkennen. Und bitte, verlasse dich nicht auf den angeblich »entscheidenden ersten Augenblick«. Denn auch dieser ist niemals derart mächtig, wie viele Menschen meinen. Im Gegenteil. Er ist eben nur so lange entscheidend, bis dein Gegenüber dir gezeigt hat, wer sie oder er wirklich ist, und nicht, wer du glaubst, dass sie oder er ist. Der erste Eindruck ist lediglich der Eindruck, der im Kopf des Gegenübers entsteht. Dieser entspricht oft überhaupt nicht der Wahrheit und wird meist auch binnen weniger Minuten widerlegt. Häufig ändert sich der Eindruck nach dem ersten intensiveren Gespräch erneut. Achte mal darauf.

Die neue Mitarbeiterin scheint auf den ersten Blick sehr arrogant zu sein. Als sie dich nach wenigen Minuten fragt, ob du mit ihr in die Raucherpause gehen magst, und du dich darüber freust, dass sie ebenfalls wie du Raucherin ist, wird sie dir schon viel sympathischer und kann damit deinen ersten Eindruck einer neuen, spießigen Kollegin widerlegen. Und wenn sie dir am zweiten Arbeitstag eine Tasse Kaffee an den Tisch bringt, erkennst du, wie fürsorglich und normal sie wirklich ist. Auf einmal kann aus der auf den ersten Eindruck spießigen, neuen Mitarbeiterin deine beste Freundin werden. Hättest du aber gleich deine empathischen Fähigkeiten eingesetzt und versucht, dich in ihre Haut zu versetzen, so wäre es dir wohl logisch erschienen, dass sie am ersten Arbeitstag etwas ordentlichere Kleider anziehen würde, die entsprechend von Professionalität und Kompetenz zeugen. Hättest du alle deine Sinne verwendet, so hättest du gerochen, dass ihre Kleider ganz dezent nach kaltem Rauch riechen. Also rauchte sie wahrscheinlich, noch bevor sie ins Büro kam, eine Zigarette. Wahrscheinlich war sie nervös und aufgeregt am ersten Arbeitstag. Damit wissen wir schon, dass sie lediglich akzeptiert werden möchte und sicherlich unheimliche Angst hatte vor diesem ersten Arbeitstag. Die Zigarette hat sie beruhigt.

Natürlich muss man nicht alle Menschen verstehen. Serienmörder, Kinderschänder und anderweitig kriminelle Menschen, die anderen Schaden zufügen, müssen aus meiner Sicht nicht verstanden werden. Mir ist klar, dass diese eventuell auch eine schwierige Kindheit hatten oder dass ihnen dieses entsprechende Verhalten vielleicht als »normal« mitgegeben wurde. Dennoch muss ich keine Empathie für sie empfinden. Zumeist kann ein derartiger Mensch, wenn er andere

Menschen missbraucht, keine Empathie aufbringen. So einer kann sich meist nicht in andere hineinversetzen und führt anderen bewusst Schaden und Schmerzen zu.

Aber konzentrieren wir uns lieber auf ein harmloseres Szenario. Beispielsweise den Straßenverkehr. Oftmals regen wir uns als Autofahrer über die Fußgänger auf, ohne daran zu denken, dass wir am selben Tag auch schon Fußgänger waren. Oder wir regen uns über den Autofahrer vor uns auf, ohne zu verstehen, dass der wohl gerade eine bestimmte Adresse sucht und etwas hilflos ist. Leider versuchen wir, uns im Straßenverkehr immer gegenseitig herauszufordern. Wir wollen immer schneller sein und bessere Autos fahren können als alle unsere anderen Mitbewerber. Dieser evolutionsbedingte Drang, schneller zu sein als alle anderen – damit wir eher beim Mammut ankommen und zweihundert Gramm mehr Fleisch vom Knochen knabbern können –, ist ein plumper Steinzeitdrang. Dieser wirkt insbesondere in unseren westlichen Staaten, hier, wo wir genügend zu Essen und eine unbezahlbare Lebensqualität haben, wie ein überholtes Relikt. Wenn wir unseren unbekannten Kollegen auf der Autobahn mit drei Kilometern mehr auf dem Tacho überholen, so sind wir nicht schneller zu Hause als der. Aber wir haben den Drang, schneller sein zu wollen als die anderen, befriedigt. Bei der nächsten roten Ampel stehen wir wieder friedlich hintereinander und außer eventuell der Polizei hat der Kampf um die Geschwindigkeit keinem von uns beiden gedient.

Es gibt kein Mammut mehr. Es gibt keinen Wettkampf mit den anderen Verkehrsteilnehmern. Es gibt lediglich den Wettkampf zwischen unserem Bewusstsein und unserem

Unterbewusstsein, das geprägt ist von unserer Evolution und der Erfahrung aus unserer Kindheit.

Die Fähigkeit zur Empathie kann man trainieren, mittels Beobachtung und Wissen. Oder mittels genauer Erkenntnis. Oft werden wir in unserem Alltag mit derart vielen Einflüssen überflutet, dass wir gar nicht mehr die Möglichkeit haben, den wahren Wert der einzelnen Information zu erkennen. In solchen Momenten sehen wir zwar, dass die Dame am Kiosk heute nicht so fröhlich ist, aber wir erkennen nicht, dass sie unheimlich traurig ist und das wohl begründet sein muss. Wir erkennen, dass die Dame am Kaffeestand heute besonders unhöflich ist, aber sehen nicht, dass der Ring an ihrer linken Hand heute auf einmal nicht mehr getragen wird. Wir hören den Chef jeden einzelnen Mitarbeiter tadeln, aber bemerken nicht, dass er erst seit heute zwei Fotos seines kleinen Sohnes auf dem Tisch stehen hat.

Wenn wir also genauer hinsehen würden, könnten wir folgern, dass vielleicht die Katze der Dame am Kiosk gestorben ist, weil kein einziges Katzenhaar mehr an ihrem Pullover klebt. Dass die sonst so reizende Dame vom Kaffeestand mit größter Wahrscheinlichkeit von ihrem Freund den Laufpass erhalten hat und dass der Sohn des Chefs wohl erneut im Krankenhaus liegt.

Ich persönlich habe die Fähigkeit, diese Menschen zu fühlen. Oft ist es auch kräftezehrend, aber alles in allem eine Bereicherung. Es ist eine Bereicherung, zu wissen, dass der Chef gerade denkt: »Mensch, wüsstet ihr als meine Angestellten wie glücklich ihr euch schätzen könnt, dass ihr einfach nur gesund seid, so würdet ihr euch nicht über ein Salär beklagen, mit dem die Mehrheit aller Menschen glücklich wäre.« Wenn ich weiß, wie schlecht es meinem Chef in diesem Moment geht, nehme ich ihm gerne für heute mal etwas Arbeit ab und zeige ihm meine Ambition für ihn und sein Unternehmen, indem ich tue, woran er Freude hat. Womit ich ihn glücklich machen kann. Als Zeichen meiner Wertschätzung. Und es ist wohl nicht unwahrscheinlich, dass ein derart empathisches Verhalten langfristig wertvoller ist. Denn während alle anderen Mitarbeiter immer noch aufdringlich vor der Bürotür des Chefs Schlange stehen, um ihre neue Forderung nach einer Gehaltserhöhung bekannt zu geben, hast du bereits den höchsten Salär des Unternehmens, und zwar die Wertschätzung des Chefs, weil dein Chef, der derart in Stimmungsschwankungen verfällt – aufgrund seiner privaten Lage und des Stresses im Betrieb –, sich umso mehr freut, wenn er von dir verstanden wird. Und deshalb wird er dich auch belohnen und dich bei einer zwangsmäßigen Massenentlassung behalten.

Letztendlich wollen wir alle nur dasselbe: verstanden werden.

Mentaler Tipp: Empathie

> Versuche, dein Gegenüber als Ganzes zu erkennen:
> 1. *Versuche, dein Gegenüber als Ganzes wahrzunehmen. Ordne es in keine Schubladen.*
> 2. *Versetze dich willentlich emotional in dein Gegenüber.*
> 3. *Versuche, empathische Schlüsse daraus zu ziehen und dein Gegenüber zu verstehen.*
> 4. *Versuche, eine Lösung zu finden, die dir so wie deinem Gegenüber dient.*
> 5. *Genieße den langfristigen zwischenmenschlichen Erfolg.*

Ziel: Langfristig verbessertes zwischenmenschliches Verhältnis sowie zugleich ein Sparen individueller Energie, die anderenfalls durch negative Emotionen verloren gegangen wäre.

Echt?
Meine Lieblingsfarbe ist auch Blau!
Lass uns heiraten!

»Letztendlich wollen wir alle nur dasselbe: verstanden werden.« – Mit diesen Worten beendete ich das letzte Kapitel und zugleich ist es die Einleitung in dieses. Anhand des fließenden Übergangs will ich dir zeigen, dass viele der Inhalte, die ich dir weitergebe, fließend sind. Das heißt, dass viele Themen ineinandergreifen oder vielleicht sogar voneinander abhängig sind.

In diesem Kapitel zeige ich dir etwas Entscheidendes auf. Es geht unter anderem um die zwischenmenschliche Kommunikation. Auch hier ist die empathische Fähigkeit von Vorteil. Genau genommen geht es um den sogenannten Rapport (der Begriff kommt aus dem Französischen und bedeutet in der Psychologie: eine aktuell vertrauensvolle, von wechselseitiger empathischer Aufmerksamkeit getragene Beziehung, man ist »in gutem Kontakt miteinander«), der Kern jeder Kommunikation. Jeder Hypnose. Jeder Beeinflussung.

Beim Rapport geht es darum, dem Menschen, mit dem wir kommunizieren, zu zeigen, dass wir ein gemeinsames Ziel, ähnliche Denkweisen haben und aufeinander angewiesen sind. Kurz: ein allgemeines Verständnis darüber herzustellen, um gemeinsam auf eine Wellenlänge zu gelangen. Der einfachste Weg dafür ist es, dem Gegenüber zu zeigen, dass man so ist wie sie oder er selbst. Dieser Weg ist deshalb so einfach, weil der Mensch bereits im Laufe der Evolution gelernt hat, dass sich sein Leben mit Menschen, die ihm ähnlich sind, einfacher gestalten lässt als mit solchen, die vollkommen anders sind, anders in der Denkweise, der Einstellung und im Charakter.

Stell dir mal vor, du würdest nach lang ersehnter Zeit endlich mal ein Mammut am Horizont entdecken. Es ist eisig kalt und du und deine Eiszeit-Freunde hätten seit einer Ewigkeit keine Mahlzeit mehr. Es versteht sich von selbst, dass du als Jäger lieber mit einem Jäger auf die Jagd gehst, der eine gleiche Jagdmethode hat und denkt wie du, und nicht mit einem, der, wenige Meter vor dem Mammut angelangt, wieder zurückrennt und dich im Stich lässt.

Es liegt also in unseren Genen, dass wir Menschen an unserer Seite haben möchten, die ähnlich denken, handeln und grundsätzlich so sind wie wir. Dadurch ersparen wir uns viel Energie.

Das erkennen wir bereits im Kindergarten. Wir haben meist nur Kameradinnen und Kameraden, die unsere Art zu spielen teilen. Wir mögen Kinder, die dieselbe Lieblingsfarbe haben wie wir. Und unsere erste Freundin mag dasselbe Lieblingsessen. Genau dieser Drang, Menschen um uns herum zu haben, die so sind wie wir, zieht sich wie ein roter Faden durch unser ganzes Leben. Vom ersten Kameraden über die erste Freundin bis hin zu den Arbeitskollegen, der Freundin und dem Ehepartner. Natürlich gibt es auch Menschen, die eine Beziehung mit einem Menschen pflegen, der oder die völlig anders ist als man selbst. Hierbei spielen vielerlei Faktoren eine Rolle. Jedoch möchte ich die Beziehungspartner lieber ausblenden und lediglich auf die Freundschaften eingehen. Denn dieses Wissen wirst du in einem Verkaufsgespräch genauso wie in einem Vorstellungsgespräch, wie zu Hause am Tisch oder eben gar während des Streites mit der Freundin verwenden können. Dieser wertvolle Inhalt ist im Übrigen auch der Inhalt meiner Business-Seminare, die ich in Unternehmen gebe. Du kannst aber das Wissen in allen erdenklichen Lebenslagen anwenden.

Der Kernpunkt dieser Technik, die wir »Rapport« nennen, liegt darin, mit dem Gegenüber auf eine Wellenlänge zu gelangen. Sobald dessen Unterbewusstsein weiß, »der ist so wie ich«, hast du es geschafft, dann wird nicht nur die Kommunikation erfolgreich verlaufen, sondern er wird dir auch folgen. Beim Rapport geht es darum, die Kommunikation erfolgreich verlaufen zu lassen, indem beide stets auf derselben Wellenlänge bleiben. Auch dann, wenn ich meine Wellenlänge ändere.

Was heißt das? Wir zeigen dem Gegenüber, dass wir so sind wie sie oder er. In dieser Phase wird das Unterbewusstsein unseres Gegenübers verstehen, dass wir halt eben genauso ticken wie sie oder er. Diesen Prozess nennen wir »Pacing«. Wir passen uns dem Gegenüber an. Haben wir es geschafft, dass das uns gegenüberstehende Unterbewusstsein das verstanden hat, so kann ich führen. Das nennen wir dann »Leading«, führen. Ich kann von diesem Moment an die gesamte Kommunikation führen. Kurz, zuerst passe ich mich an und anschließend führe ich.

Das Ganze könnte man also auch zu »gemeinen« Zwecken verwenden – jedoch möchte ich dir zeigen, dass es auch hier Grenzen gibt. Du wirst, wenn du mal das Zepter der Kommunikation von deinem Gegenüber erhalten hast, es nicht überall hinführen können, wohin es dir passt. Dein Gegenüber verfügt immer noch über einen Verstand, der bewertet, was für ihn gut ist und was nicht. Jedoch ist dieser Verstand niemals so mächtig wie unser Unterbewusstsein. Deshalb ist es möglich, das Unterbewusstsein zu beeinflussen, damit die Kommunikation so ausfällt, wie ich es mir vorstellen könnte.

Was braucht es dafür? Es braucht zwei Menschen, die kommunizieren, und einen davon, der einen gewissen Vorteil hat. Das sind wir. Denn wir haben das Wissen.

Angenommen, dein Chef beordert dich in sein Büro, weil er aufgrund des Verlustes einer deiner Kunden mit deiner Arbeit sehr unzufrieden ist. Was nun? Natürlich hast du eine Hoffnung: dass er dich nicht feuert. Nun, mit dem Wissen über den Rapport, wird es dir gelingen, deinen Chef, selbst wenn dessen Entscheidung schon getroffen ist, zu beeinflussen. Wie tust du das? Entweder du machst es wie bisher, dass du dich mit Worten zu rechtfertigen versuchst, oder du machst es auf meine Weise. Du stellst den Rapport her. Das heißt, du versuchst, dich mit deinem Chef auf eine Wellenlänge zu begeben. Binnen kürzester Zeit. Wie machst du das? Indem du ihm zeigst, dass du genauso bist und tickst wie er. Du passt dich ihm an (»Pacing«). Das ginge beispielsweise, wenn du seine Sprachmuster übernimmst. Er hat vielleicht eine bestimmte Art und Weise zu sprechen, das kannst du übernehmen. Natürlich nicht zu auffällig, aber so, dass sein Unterbewusstsein es wahrnehmen wird. Das heißt jetzt nicht, dass du ihm wie ein Papagei nachplappern sollst, sondern dass du vielleicht eines seiner Lieblingsworte ab und zu verwendest.

Diese Lieblingsworte nennt man im Fachjargon auch »Trance-Worte«. Mein Trance-Wort ist beispielsweise das Wort »so«. Oft verwende ich dieses Wort, um innere Monologe und Gedankenprozesse abzuschließen. Andere Menschen haben Trance-Worte wie »okay« oder »quasi«.

Allerdings muss ich dich hier noch einmal darauf aufmerksam machen, dass unsere verbale Kommunikation lediglich einen Bruchteil unserer Gesamtkommunikation ausmacht. Studien haben ergeben, dass bis zu fünfundneunzig Prozent der gesamten Kommunikation nonverbal verläuft. Das heißt, dass wir vorwiegend über unsere Mimik, Gestik, Gangart und über andere zwischenmenschlichen Werkzeuge kommunizieren. Das bedeutet also, dass ich dem Unterbewusstsein meines Gegenübers viel wirkungsvoller zeigen kann, dass ich so bin wie sie oder er, wenn ich auch auf nonverbaler Ebene so kommuniziere wie sie oder er. Das können wir jetzt auf unser Beispiel mit dem Chef und dir anwenden. Du sitzt also deinem Chef gegenüber. Er tadelt dich immer noch hinsichtlich deiner Arbeitsweise. Nun hast du die Möglichkeit, mit ihm nonverbal auf eine Wellenlänge zu gelangen, indem du so ähnlich gestikulierst wie er. Indem du seine Mimik übernimmst. Indem du versuchst, seine Gestik derart genau zu kopieren, dass sein Unterbewusstsein feststellt, dass du ja »einer von ihnen« bist. Sprich, dass du wie der Chef tickst. Er wird Mitarbeiter bevorzugen, die so sind wie er. Wer möchte als Chef keine Mitarbeiter haben, die das Unternehmen genauso stärken wie man selbst.

Allerdings sollte auch der nonverbale Rapport dezent durchgeführt werden, sodass zwar das Unterbewusstsein des Chefs ihn wahrnimmt, er jedoch zu unauffällig ist, um ihn bewusst wahrzunehmen. Sollte er sich beispielsweise auf dem Stuhl nach vorne lehnen, so tue dasselbe. Sollte er seine Beine überkreuzen, ebenfalls.

Dabei ist zu beachten, dass du das Ganze zeitgleich oder zeitversetzt durchführen kannst. Stimmt deine nonverbale Kommunikation eins zu eins mit der deines Gegenübers überein, so nennt man das »Matching«. Du kannst alle Bewegungen und Gestikulierungen auch spiegelverkehrt durchführen – »Mirroring«.

Besonders wirkungsvoll ist das Nachahmen der Mimik des Gegenübers. Auch das ist verständlich. Schließlich fühlen wir unsere Gesichtsmuskulatur, sobald wir eine bestimmte Mimik machen. Aber wir können unser eigenes Gesicht nicht sehen. Wenn wir nun unsere Mimik fühlen und sie an unserem Gegenüber sehen können, dann denkt unser Unterbewusstsein, dass das Gegenüber so tickt wie wir. Wir sehen uns in unserem Gegenüber gespiegelt.

Dieser ganze Prozess der Anpassung an unser Gegenüber, sprich der Anpassung an seine Wellenlänge (»Pacing«), kann selbstverständlich auch emotional durchgeführt werden, wie auch im Rahmen der Interessen, des Energieniveaus und so weiter und so fort. Emotional passt man sich ans Gegenüber an, indem man versucht, seinen Emotionen im selben Maße freien Lauf zu lassen. Emotionale Menschen bevorzugen solche, die ihre Emotionen widerspiegeln. Und unemotionale Menschen würden sich über sehr emotionale Menschen nur nerven. Genauso verhält es sich mit dem Energieniveau: Ruhige Typen regen sich eher über hyperaktive auf – wobei zu beachten ist, dass eine ruhige Art der Kommunikation für unser derart schnell ausgelastetes Bewusstsein wie auch für das Unterbewusstsein immer angenehmer und auch attraktiver ist. Wir fühlen uns von Grund auf zu Menschen hingezogen, die ruhig und gelassen sind.

Das Energieniveau bezieht sich ebenfalls auf die gedankliche Energie. Aktive Menschen mögen ebenso kreative Menschen, die laut denken. Und Leute, die eher nur sagen, was stich- und handfest ist, mögen dergleichen.

Interessant ist der Rapport im Rahmen der Interessen des Gegenübers. Angenommen, der Lieblingsfußballclub deines Vorgesetzten hatte am Vorabend ein schlechtes Spiel, so ist es verständlich, wenn dein Chef heute gereizter und dünnhäutiger ist. Besonders dir gegenüber, wenn er weiß, dass du ein Fan des Clubs bist, der am Vorabend gewann. Nun wird es mit Sicherheit nicht von Vorteil sein, darauf herumzureiten, indem du sagst: »Ihre Lieblinge haben gestern ziemlich versagt – aber Sie müssen zugeben, dass der erste Freistoß von uns legendär war.«

Von vielen Verkaufstrainern hört man nicht selten: »Liebe Außendienstmitarbeiter – egal worüber ihr mit euren Kunden sprecht, redet bitte nur nie über Sport, Politik und Religion.« Toll, ich darf also mit meinem Kunden nicht über konkrete Interessensgebiete sprechen, denn damit könne man das gesamte Verhältnis zum Kunden zunichte machen. Stimmt. Und da viele Verkaufstrainer der Meinung sind »Seid immer ihr selbst!«, sollte man natürlich stolz genug bleiben und kein fremdes Territorium betreten, sprich im besten Falle einfach nicht darüber sprechen.

Unsinn. Angenommen, ich muss als Verkäufer oder Außendienstler ich selbst bleiben. Was würde ich sonst noch alles tun, um ich selbst zu sein? Ich würde bestimmt nicht in Anzug und Krawatte zur Arbeit gehen. Und ich würde dem Kunden von dem langfristig bindenden Produkt abraten und ehrlich zu ihm sein. Am liebsten würde ich mit dem Kunden ein Bier trinken anstelle des langweiligen Espressos. Wenn ich also mir und meiner Person treu bleiben soll und nur deshalb meine Interessen im Rahmen des Kundengespräches beschützen soll wie eine Löwin ihre Jungen, dann könnte ich auch gleich meinen Job an den Nagel hängen. Ich bin selbst Verkaufstrainer und weiß es.

Was ich dir damit eigentlich sagen will: Wer muss nicht für den eigenen Job Dinge tun, die er eigentlich gar nicht möchte? Möchte ich wirklich dem Kunden eine Versicherung verkaufen, die viele Haken hat, die ich dem Kunden aber nicht erkläre, wenn er nicht explizit danach fragt? Nein. Wenn wir moralisch sein wollen, dann tun wir das, was für den Kunden am besten ist. Und wenn der Kunde schon neben einem heimtückischen Produkt etwas verdient hat, dann ist es ein Kundenberater, der den Sportverein des Kunden unterstützt – wenn auch nur für wenige Sekunden. Es ist also sehr hilfreich, die Interessen des Kunden zu vertreten. Wenn auch nur im Rahmen des Verkaufsgespräches. Und natürlich auch nur dann, wenn es moralisch zu vereinbaren ist. Es ist verständlich, dass ich auf rechtsextreme Meinungen des Kunden beispielsweise nicht eingehe. Weshalb aber sollte ich, wenn der

Kunde damit beginnt, von seinem Lieblings-Fußballverein zu sprechen, ihn davon abbringen, nur meines Stolzes zuliebe?

Ich gönne meinem Kunden den Stolz auf seinen Fußballverein und stimme ihm kurz zu. Und hierfür gibt es einen bestimmten Satz, den du in solchen Momenten sagen und damit deine Meinung in deinem Innern immer noch vertreten kannst, womit dein innerer Stolz nicht angetastet wird und du dennoch im Rahmen der Interessen auf dieselbe Wellenlänge des Kunden gelangen kannst. Dieser eine Satz lautet: »Wenn ich Sie wäre, würde ich genauso denken.« Damit bestätige ich dem Kunden, dass meine Gedanken dieselben sind wie seine. Auch wenn es vielleicht nicht stimmt, so ist es eben nur eine »weiße Lüge«, sprich keine direkte Lüge. Ich zeige meinem Gegenüber damit, dass ich, wäre ich beispielsweise Fan seines Lieblingsvereins, mich genauso über das gestrige Spiel aufregen würde. Empathie. Wichtig hierbei ist, dass du ihm über das Unterbewusstsein durch die Hilfe der Aufnahme des Satzes kommunizierst, dass du einer von ihnen bist. Anstelle des obigen Satzes hilft oft auch schon ein »Ganz genau« oder »Ich verstehe Sie«.

Wenn ich also vor dem Chef sitze und dieser tödlich genervt ist, weil sein Lieblings-Fußballverein am Vorabend verloren hat, so ist verständlich, dass ich, wenn er mich auf das Fußballspiel anspricht, ihm zustimmen würde: »Ganz genau. Schade. Doch bald gibt es wieder eine neue Chance. Das nächste Spiel wird garantiert besser laufen. Ich glaube an sie.«

Damit hintergehst du den Chef nicht, sondern schenkst ihm lediglich Trost. Ihm Verständnis schenken, ihm zeigen, dass du einer von ihnen bist. So, dass er dir den Zugang zu seiner Wellenlänge gibt. So, dass du seinen Geist verstehen kannst und ihr gemeinsam eine Kommunikation genießen könnt, die allen dient.

Bedenke, dass du dein Gegenüber mit diesem Wissen allein nicht negativ beeinflussen kannst. Selbst dann wird es – trotz eines hergestellten Rapports – nichts tun, was es nicht möchte. Dafür bräuchte es etwas mehr. Aber mit dem Rapport hast du die Möglichkeit, das Unterbewusstsein deines Gegenübers positiv und nachhaltig zu beeinflussen.

Denn ist der Rapport erst einmal hergestellt, so wird dir dein Gesprächspartner folgen. Es wird ihm viel daran liegen, dass diese Kommunikation auf dieser Wellenlänge so aufrechterhalten wird. Er muss dir folgen. Andernfalls löst sich sein Traum, endlich einen Menschen gefunden zu haben, der so ist wie er, in Luft auf. Und das wird er nicht wollen.

Menschen, die den Rapport mit anderen als unnötig erachten, sind auf andere angewiesen, die sie so nehmen und verstehen, wie sie sind. Und das sind meist nicht viele. Beruflich kann es ohne Herstellung eines Rapports große Probleme geben. Viele Chefs passen sich ihren Mitarbeitern sehr wenig bis gar nicht an. Weil sie die strategischen, operativen und taktischen Grundsätze definieren und somit auch mitbestimmen wollen, wie der Angestellte zu sein hat. Als Chef kann man sich scheinbar erlauben, selten bis nie den Rapport herzustellen. Doch auch wenn du ein Vorgesetzter bist, ein Rapport ist stets sinnvoll. Langfristig wird es sich auszahlen. Ich bin auch Chef – und es zahlt sich aus.

Dieses Wissen soll dir also helfen, dein Gegenüber zu führen und so ein zwischenmenschliches Verhältnis aufbauen zu können, das dir langfristig guttut. Dir und deinem Gegenüber. Versuch es. Du wirst erstaunt sein.

Mentaler Tipp: *Rapport*

> Versuche, mit deinem Gegenüber Rapport herzustellen (Pacing und Leading):
> 1. *Versuche, dein Gegenüber als Ganzes wahrzunehmen. Ordne es in keine Schublade.*
> 2. *Lasse dich in jeglicher Hinsicht auf dein Gegenüber ein und mache es dezent nach (Pacing):*
>   – *nonverbal (Gestik, Haltung, Gangart, Energieniveau, Atem, Lachen etc.),*
>   – *verbal (Auserlesene Worte, Slang, Fauchausdrücke, Sprachtempo etc.),*
>   – *Persönlichkeit (Meinungsadaption, Emotionen etc.).*
> 3. *Teste, ob du dein Gegenüber gepaced hast; sprich, ob es dir folgt, wenn du beispielsweise deine Haltung änderst. Erst dann weißt du, ob ihr dieselbe Wellenlänge erreicht habt.*
> 4. *Wenn ja, dann führe dein Gegenüber dorthin, wo es euch beiden langfristig dient (Leading).*
> 5. *Genieße das zwischenmenschlich – mithilfe des Rapports – verbesserte Verhältnis.*

Ziel: Erhöhe das Vertrauensverhältnis und führe euch beide dorthin, wo es für deine Ziele am sinnvollsten ist.
Achtung: Du trägst die moralische Verantwortung.

Mentales im Business

Meine Tätigkeit in der Geschäftswelt begann, als die ersten Anfragen kamen, Vorträge in Firmen zu halten. Danach führte ich explizite Seminare für Unternehmenssektionen durch. Inzwischen biete ich mit meinem Unternehmen anderen Firmen den mentalen Vorsprung gegenüber ihren Mitbewerbern an. Und zwar mittels meines Ehrenkodex-Wissens der Gedankenleser sowie meinem Wissen über das Unterbewusstsein des Menschen. Heute bin ich auf einem Stand, dass ich mich nicht nur empathisch in die Hürden und Windungen einer Firma hineinversetzen kann, sondern auch maßgerecht mein Wissen derart in eine Firma einbringen kann, dass ein sichtbarer Erfolg festgestellt werden kann.

Kunden wollen nicht überredet werden. Kunden mögen keine Versicherung abschließen und anschließend wegen des Versicherungsberaters finanzielle Probleme bekommen. Kunden wollen verstanden werden. Und wenn eine Firma die Möglichkeit hat, den Kunden zu lesen, seine Gedanken zu lesen und ihn so zu führen, wie es der Kunde am liebsten hat, dann ist ein Verkaufsabschluss schon vorprogrammiert. Über achtzig Prozent aller Verkaufsabschlüsse erfolgen über die überwiegende Entscheidungskraft des Bauchgefühls. Sprich unseres Unterbewusstseins. Alle diese Entscheidungen werden nicht rational gefällt, sondern emotional. Könnte also eine Firma ihre Kunden bereits in der Marketingkampagne entsprechend unterbewusst ansprechen und auf dieselbe angenehme Weise einen Verkaufsabschluss generieren, so ist diese Firma anderen mit Sicherheit mental weit voraus.

Mit meinem Unternehmen biete ich den Firmen diesen mentalen Vorsprung an. Ich berate sie auch hinsichtlich Kampagnen und interner Prozesse und sorge dafür, dass die Firma öffentliches Verständnis und Vertrauen erlangt. Und zwar im Unterbewusstsein ihrer Anspruchsgruppen.

Ich coache ganze Firmenbereiche hinsichtlich ihrer mentalen Kapazitäten. Diese Coachings begannen, als die ersten Geschäftsführer zu mir kamen und mir von ihren Burn-outs berichteten. Sie wollten endlich aus diesem Teufelskreis herauskommen. Wir schafften das dann auch mittels mentaler Suggestionsmethoden. Da wir alle in einem Zeitalter leben, in dem Existenzängste, Finanzkrisen, Wirtschaftskrisen und interpersonale Probleme die Wirtschaftlichkeit einer Firma extrem schwächen können, und die von mir gecoachten Geschäftsführer fanden: »Sie könnten eigentlich meine Mitarbeiter allesamt coachen.« So gelangte ich zu meiner Berufung – die Geschäftswelt mental bereichern zu dürfen. Und ich freue mich darüber. Ich freue mich, wenn ich in einem Teambuilding-Seminar die Mitarbeiter miteinander verschweißen kann. Es zeigt mir, dass wir alle menschlich sind und nur Menschlichkeit erfahren wollen. Es freut mich, wenn ich als Verkaufstrainer einer Außendienstsektion neuen Mut schenken und diese um mein geheimes Wissen bereichern kann.

Es freut mich, wenn ein Unternehmen mittels meiner Hilfe mit einem ausgefallenen Plakat nicht das Bewusstsein, sondern das Unterbewusstsein seiner Zielgruppen direkt anspricht. Denn kaum ein Passant schaut sich ein Werbeplakat bewusst an. Selbst nicht einmal dann, wenn er an der Bushaltestelle auf seinen Bus wartet. In solchen Momenten sind wir alle in einer Art Trance, wobei lediglich unser Unterbewusstsein das Plakat wahrnimmt. So helfe ich Unternehmen, Werbekampagnen wie auch Corporate Identities, sprich die Firmenidentität, zu optimieren.

Obwohl ich auf den Business-Bereich spezialisiert bin, kannst du das Wissen, das ich dir hier vermittele, in allen erdenklichen Lebenslagen anwenden. Ich möchte dir damit zeigen, dass mein mentales Wissen uns alle umgibt. Selbst Unternehmen. Genauso wie Geschäftsmenschen dieses Wissen verwenden können, kannst auch du es für deine individuellen Probleme nutzen. Auch Geschäftsführer und andere Geschäftsleute gelangen immer mehr zurück zu den Wurzeln.

Nach und nach wird uns allen klar, dass alles, alles seinen Ursprung in unseren Gedanken findet. Keine Wirtschaftskrise entsteht ohne die Umsetzung von Gedanken. Und keine Wirtschaftskrise endet ohne ein Dilemma in Gedanken. So auch hinsichtlich der Burn-outs und anderer mentaler Hürden. Es liegt in unserer Macht, wie viel Wert wir der Gedankenwelt zuschreiben wollen und wie viel der materiellen Welt. Eines ist und war für mich schon immer klar: Keine Welt ist mächtiger als unsere Welt der Gedanken!

Mein Umgang mit meinen Fähigkeiten

Fähigkeiten sind ein Geschenk und jeder hat sie. Der eine kann alles, was er sieht, detailgetreu nachmalen. Der andere kann unzählig viele Sprachen fließend sprechen. Und wieder ein anderer kann Menschen lesen, verstehen, führen und heilen. Diese Fähigkeiten wurden mir zu einem gewissen Grad in die Wiege gelegt. Nur getraute ich mich lange nicht, aufrichtig dazu zu stehen, weil ich glaubte, es würde eingebildet wirken. Doch das tut es nicht, denn wenn du die Fähigkeiten hast, dann werden die Menschen diese sogar sehen wollen. Deshalb rate ich dir: Lass deinen Fähigkeiten freien Lauf. Es gibt nichts Schöneres, als andere Menschen zu bereichern, auf einem Gebiet, in dem du vielleicht feinfühliger bist, in dem du vielleicht talentierter bist oder eine größere Erfahrung hast.

Glücklicherweise hatte ich schon sehr früh die Ehre, diverse Führungskräfte, Ärzte, Manager und Professoren coachen zu dürfen. Ich erinnere mich noch genau an mein erstes Coaching in diesem Stil. Es war ein anerkannter Psychiater mit Professorentitel. Er hörte über die Medien von meinen Fähigkeiten und traf mich, um zu besprechen, was er alles von mir lernen könne. Damals war ich knapp neunzehn Jahre jung. Ich stand damals schon oft auf der Bühne. Sogar bei renommierten Firmen und gab so zu einem gewissen Teil unterhaltsam meine Fähigkeiten preis, um die Gäste in die Irre zu führen. Ich demonstrierte die Fähigkeiten eines Gedankenlesers auf der Bühne.

Dennoch war der Weg zum Unterrichten eines Professors etwas, was wohl keiner auf die leichte Schulter nimmt. Mein Vorsprung gegenüber anderen war zu diesem Zeitpunkt lediglich, dass ich durch meine Arbeit und den tiefen Einblick in den Geist anderer Menschen schon beinahe zu viel gesehen hatte. Durch meine Arbeit las ich Menschen, die ich eigentlich gar nicht lesen wollte. Doch es gab mir Einblick in die Tatsache, dass wir alle gleich sind. Natürlich hat jeder seinen eigenen Charakter. Seine eigenen Vorlieben. Seine eigenen Talente. Dennoch haben wir alle aufgrund der Evolution, der Erfahrung und der Tatsache, dass wir auch nur Menschen sind, ähnliche Gedankenprozesse. Bereits mit neunzehn Jahren – nein, früher – schritt ich mit dem Gedanken durchs Leben, dass – egal ob Professor, Polizist, Anwalt, Richter oder Bergbauer – jeder Geheimnisse in sich trägt. Die einen etwas tiefgründigere, die anderen etwas oberflächlichere. Vielfach gibt es tiefe Geheimnisse, trotz anerkanntem Job. Menschlichkeiten, trotz anerkanntem Titel. Den Drang zu abstraktem und von der Gesellschaft untoleriertem Verhalten und Neigungen. Wir sind alle nur Menschen, was auch völlig in Ordnung ist.

Ich würde ein von der Gesellschaft nicht anerkanntes, aber nicht strafbares Verhalten nie tadeln – jeder muss das mit sich selbst vereinbaren. Doch hat mich der Einblick in die Menschlichkeit »hoher Tiere« nicht unbeschäftigt gelassen. Ich ließ mich damals von Titeln genauso wenig beeindrucken wie von den Geheimnissen der Titelträger. Für mich gab es schon damals keine »besseren Menschen«.

Oft verleidete mir die Einsicht durch meine Arbeit auch etwas. Insbesondere wenn mir wieder einmal die Oberflächlichkeit und teilweise primitiven Denkprozesse unserer Gesellschaft vor Augen geführt wurden. Beispielsweise wird uns der Geltungsdrang unserer Gesellschaft bewusst, wenn wir die unterschwelligen Talkshows sehen. Oder den Drang nach beschränkten Ressourcen, wenn wir fürs Boarding Schlange stehen, und jeder der Erste sein will, der sich seinen Sitzplatz ergattern kann, obwohl es für alle genug hat. Oder die Neigung des Mannes, mit seinem Blick allem folgen zu müssen, was rundlich und weiblich ist. Weshalb eigentlich? Ist der Mensch gar kein monogames Wesen? Krähen und Schwäne sind es. Viele Vögel sind monogam. Ist der Vogel dem Menschen gegenüber beziehungstechnisch fortgeschrittener? Wir sind uns doch so sicher, dass der Mensch sich vom Tierreich abhebt, durch sein komplexes Gehirn, die raffinierten Denkprozesse, die artikulierte Sprache. So schnell macht uns das keiner nach.

Aber wenn man genau hinsieht, erkennt man, dass auch der Mensch von der Evolution nicht verschont blieb. Denn es liegt in den Genen des Menschen, aus der breiten Masse herausragen zu wollen. Auch liegt es in unseren Genen, dass wir mitunter triebgesteuert sind (natürlich gibt es auch asexuelle Menschen, doch konzentriere ich mich hier auf die Mehrheit). Und der Drang zum Jagen und Sammeln fließt immer noch durch unsere Adern. Das erkennt man beispielsweise daran, wenn es etwas Kostenloses gibt. Alle Menschen stürzen sich darauf. Würde ich als Steinzeitbewohnerin eines Tages einen Korb voller Früchte und Beeren im Wald finden, so würde ich mich auch darauf stürzen. Es ist evolutionsbedingt. Deshalb ist es verständlich, dass auch an den Titelträgern die Evolution nicht spurlos vorüberging.

Außerdem war für mich die Arbeit schon damals eben Arbeit und hat noch immer nichts mit dem Privatleben, der Person oder ihren Charaktereigenschaften zu tun. Eheberater dürfen sich also genauso scheiden lassen. Erziehungsberater dürfen ebenfalls Fehler in der Erziehung machen. Und auch Polizisten dürfen privat auf der Straße mal etwas zu schnell fahren. Wir sind alle nur Menschen.

Als ich dann den Professor coachte, nahm ich es, wie bereits gesagt, natürlich nicht auf die leichte Schulter. Weil ich ihn sehr respektiert habe. Zumal er ein Mensch war, der die Hälfte seines Lebens an der Uni verbracht hat und im Grunde bereits über ein Vielfaches an Wissen mehr hatte als ich, insbesondere über die menschliche Psyche. Als Psychiater. Ich war inzwischen auch an der Uni. Ich studierte ein paar Semester Sozialwissenschaften. Und der erste Grundsatz, den ich dort lernen musste, lautete: »Desto mehr Sie wissen, umso mehr Fragen kommen auf. Folglich werden Sie stets weniger wissen, je mehr Sie lernen.« Und genauso war es dann auch beim Herrn Prof. Dr. med. Psychiater. Vom Wissen der Gedankenleser, dem Reich meiner Fähigkeiten, wusste er noch nichts – und ich war angeblich der Erste und Einzige, der ihn derart beeindrucken konnte.

Wenige Monate später durfte ich bereits meinen zweiten Arzt coachen. Als wir mit der theoretischen Wissensvermittlung begannen, wollte er von mir lernen, Dinge durch Gedankenkraft zu bewegen. Sprich: Telekinese. Ich musste ihm beibringen, dass mir das nicht möglich sei. Dass ich, wenn ich wie Uri Geller Dinge verbiege, lediglich die Psyche austrickse. Dass es sich hierbei lediglich um einen psychologischen Trick handelt.

Ich durfte also mit knapp zwanzig Jahren bereits Menschen unterrichten und coachen, die beruflich hohe Anerkennung genossen. Ich fühlte mich unheimlich geehrt. Danach durfte ich an Schulen Kurse geben und an Hochschulen und Universitäten referieren. Als ich das erste Mal im Rahmen eines internen Weiterbildungsprogramms einer Universität vor lauter Dozenten und Professoren dozieren musste, hatte ich bereits die Gelassenheit, die ich mir durch meine Fähigkeiten angeeignet hatte.

Diese Gelassenheit hätte ich schon früher gebrauchen können. Denn als ich diese Fähigkeiten die ersten Male wahrnahm, war ich alles andere als gelassen. Bereits als kleiner Junge nahm ich scheinbar mehr wahr als die Menschen um mich herum. Ich erkannte Lügen. Ich erkannte Menschen mit bösem Willen. Und ich erkannte Geheimnisse. Ich folgte meinem Bauch. Meinem Bauch, der mir sagte, ich solle diesem Feingefühl nachgehen. Und was tut ein Junge, wenn er das »Übersinnliche« lernen will, er gelangt zu den Magiern. Später kam ich zu den Gedankenmagiern und lernte den Teil der Denkweise des Gegenübers und wie man einen Menschen in die Irre führt. So erkannte ich leichter, wenn man mich in die

Irre führen, wenn man mich austricksen wollte. Denn eine Lüge ist nicht mehr als ein Trick, eine Realität aufrechterhalten zu wollen, die es so nicht gibt oder nie gab.

Eigentlich leben wir oft in und mit Illusionen. Diese Kunst verhalf mir in ersten Schritten, mich in mein Gegenüber hineinversetzen zu können, um zu verstehen, was es gerade in diesem Moment sieht, hört oder denkt. Obschon das Gegenüber nur eine Illusion sieht. Als ich später den ersten Kontakt zu echten Mentalisten und Gedankenlesern bekam und sogar von ihnen lernen durfte, erkannte ich, wo meine Fähigkeiten lagen: im Lesen der Gedanken anderer Menschen. Im Erfühlen von Gedanken. Im suggestiven Lenken und Beeinflussen von Gedanken. Und letztendlich im Heilen von Menschen mittels meiner suggestiven Möglichkeiten.

Ziemlich zeitgleich mit meinen ersten Coachings begann ich, Menschen von schweren Lasten und Krankheiten zu heilen, beispielsweise mittels Hypnose. Dabei erkannte ich, dass ich keinen anderen Ausweg mehr hatte, als meine Fähigkeiten zu leben. Ich konnte sie auf einmal nicht mehr ein- und ausschalten. Ich lebte meine Fähigkeiten. Ich erkannte Lügen, auch wenn ich sie nicht wissen wollte. Ich fühlte Sorgen, denen ich helfen konnte. Und ich beeinflusste Menschen, die ich eigentlich gar nicht beeinflussen wollte. Doch es war so.

Das in den Griff zu bekommen, die Möglichkeit zu erlangen, die Fähigkeiten auf Stand-by zu stellen, war nicht einfach. Heute ist es immer noch so, dass ich, sobald ich eine sehr offensichtliche Lüge sehe, diese nicht ausblenden kann. Spüre ich einen emotional schlechten Gedanken bei einem Menschen, kann ich auch diesen nicht einfach ausblenden.

Das Spüren der Gedanken versuche ich meist im Stand-by-Modus aktiv zu halten, aber ganz ausschalten werde ich meine Sinne wohl nie können. Aber ich sehe das als ein Geschenk an und versuche, es in jeder Weise positiv weiterzugeben. Ich erkenne den wertvollen Gehalt in der Tatsache, dass ich diese Fähigkeiten leben darf.

Und genau das möchte ich dir ans Herz legen: Wenn du eine Fähigkeit in dir erfühlst, erkennst und weißt, dass sie eigentlich vorhanden ist, dann folge ihr. Denn nur in ihr wirst du Sicherheit, Halt und Vollkommenheit finden. Traue dich. Wer etwas bewegen will, muss sich auch etwas getrauen. Die Veränderung kann völlig von allein kommen – nur wirst du wohl bis dahin schon sehr viel Zeit versäumt haben, währenddessen du viele Menschen hättest bereichern können.

Nutze deine Fähigkeiten und bereichere die Menschen, die dich umgeben. Denn auch ich hätte meine Fähigkeiten einfach für mich behalten und lediglich zu meinem Vorteil verwenden können.

Ich möchte an dieser Stelle an die Moral appellieren: Auch wenn jeder eine individuelle Moralvorstellung hat, so möchte ich mit meiner Moralvorstellung an dich appellieren, dass du mein Wissen, das ich dir vermittle, zu guten Zwecken verwendest. Sodass du nicht nur dir selbst, sondern auch deinem Umfeld helfen kannst. Auf diese Weise dient mein Wissen vielen Menschen gleichzeitig.

Langfristig wirst du erkennen, welchen Wert deine Fähigkeiten haben. Insbesondere wenn du sie gegen das Böse und für das Gute einsetzt.

Zuwendung

Zuwendung ist etwas unheimlich Wertvolles. Wir können einfach nie genug davon bekommen. Diese Sucht beginnt bereits im Mutterleib. Wir sind süchtig nach Mama. Es ist beinahe eine Art Symbiose, die wir mit Mama haben. Sie braucht mich und ich brauche sie. Etwas Wunderbares entsteht hier: das Urvertrauen.

Bereits der Pädagoge Eric Erickson vertrat diese Meinung. Seiner Ansicht nach enden Kinder, die von der Mutter keine Zuwendung erhalten, im seelischen Hospitalismus. Solche Kinder leiden unter mangelnder Zuwendung. Oft beginnen sie, sich selbst Zuwendung zu schenken, indem sie beispielsweise ihren Körper hin- und herschaukeln. Da sie keine Aktion von außen erhalten, führen sie sich diese selber zu. Ich schreibe bewusst »Aktion«, weil auf eine Aktion stets eine Reaktion folgt. Und wenn sich das Kind selbst zum Hin-und-her-Schaukeln anstößt, ist die Reaktion die, dass die schaukelnde Bewegung nicht nur beruhigend wirkt, sondern eine Reaktion auf meine eigene Aktion darstellt. Das Gehirn kann viel leichter Alphawellen, sprich für das Gehirn beruhigende Schwingungen, erzeugen, wenn bereits eine physische Schwingung vorhanden ist.

In der Hypnose wird diese physische Schwingung heute fast nicht mehr verwendet. Früher benutzte man beispielsweise noch Pendel, denen die Klienten mit ihrem Blick folgen sollten. Damit wollte man unter anderem Augenbewegungen reproduzieren (»REM-Zustand«, kommt aus dem Englischen für »rapid eye movement«, sprich »schnelle Augenbewegungen«. Diese Phase tritt ebenfalls im Schlaf auf).

Wichtig zu wissen ist, dass wir, sobald wir existieren, auf Zuwendung angewiesen sind. Ein pädagogischer Grundsatz lautet: »Negative Strokes sind besser als gar keine Strokes.« Strokes ist Englisch und steht für Streicheleinheit. Also sollen negative Streicheleinheiten besser sein als gar keine. Was bedeutet das? Es bedeutet, dass wir negative Zuwendung besser verarbeiten können als gar keine.

Negative Strokes sind beispielsweise ein Tadeln, ein Streit oder gar eine Ohrfeige. (Die sind ja heute nicht mehr erlaubt – dennoch liste ich sie mit auf. Zumal ich meine letzte Ohrfeige mit sieben Jahren erhielt. Mitten auf der Rolltreppe. Der Mann im Anzug, der vor mir und meiner Mutter stand, zuckte zusammen und zog seinen Kopf ein. Keine Sorge, ich hatte die beste Mutter der Welt – habe sie immer noch. Und auch sie hat den pädagogischen Grundsatz intuitiv perfekt erfühlt, denn meine Ohrfeige war mehr als gerechtfertigt.) Es ist also für einen Menschen viel schlimmer, wenn man ihn ignoriert, als wenn man ihn negativ berührt.

Daher scheint es logisch, dass es für den Menschen schlimm ist, wenn er von einem anderen keine Zuwendung oder Aufmerksamkeit erhält, von dem er es sich wünschen würde. Einige Menschen versuchen, diesen Fakt auszunutzen, indem sie möglichst wenig von sich preisgeben. Es ist eine Tatsache, dass wir so andere Menschen beeinflussen können. Indem wir ihnen keine oder nur eine verminderte Aufmerksamkeit schenken, kann es dazu führen, dass der Mensch, der keine Aufmerksamkeit erhält, diese umso mehr begehrt, weil er mit Ignoranz, sprich keinen Strokes, nicht umgehen kann. Im Berufsalltag ist dieses Vorgehen nur im geringen Maße und nur dann anzuwenden, wenn man es geschickt beherrscht. Der Kunde wird es nicht schätzen, wenn man ihm, sollte er ein Anliegen haben, keine Aufmerksamkeit widmet.

Dagegen jedoch kann das Geben von Aufmerksamkeit und Zuwendung Wunder bewirken. Sei es im Verkaufsgespräch, in der Beziehung oder beim ersten Abendessen mit den künftigen Schwiegereltern. Sobald wir anderen Menschen Zuwendung schenken, wirkt sich das positiv auf das Unterbewusstsein des Gegenübers aus. Doch wie mache ich das am besten? Ganz einfach: Ich versuche, die Zuwendung authentisch von mir zu geben. Vielen Menschen fällt das nicht leicht, weil sie es nicht gewohnt sind, etwas von sich zu geben, ohne damit rechnen zu können, dass garantiert auch wieder etwas zurückkommt. Aber wenn ich eine authentische Zuwendung zeigen will, so kann ich durch meine empathischen Fähigkeiten versuchen zu erfühlen, an welcher Stelle es meinem Gegenüber an Zuwendung und Aufmerksamkeit fehlt, und versuchen, es ihm genau an dieser Stelle zu geben.

In den folgenden zwei Kapiteln möchte ich dir zeigen, wie du dein Gegenüber positiv beeinflussen kannst, und zwar durch gezielte Zuwendung. Das kann die Kommunikation erleichtern und das zwischenmenschliche Verhältnis verbessern. So können Hürden beseitigt werden. Und es kann dazu führen, dass beide Seelen ineinandergreifen und gemeinsam eine Wellenlänge erlangen. Zuwendung ist – richtig angewendet – eine wertvolle Geheimwaffe.

Die Berührung

Viele machen sich selten Gedanken über Zuwendung. Oder sie machen sie sich erst, wenn sich die Freundin beim gemeinsamen Anschauen eines Filmes beschwert: »Wann hast du eigentlich das letzte Mal so etwas Süßes für mich getan wie der Mann im Film? Der letzte Blumenstrauß ist schon mehr als ein Jahr her.« Frauen können nie genug Zuwendung bekommen. Es gefällt der Frau, zu wissen, dass der Mann sich nach ihr sehnt, sie bezirzt und nie genug von ihr kriegen kann. Natürlich sind nicht alle Frauen so. Aber doch die Mehrheit. Einige Männer haben das auch schon verstanden und beginnen, die Zuwendung künstlich zu erzeugen. Hier spielt wiederum die moralische Auffassung eine entscheidende Rolle. Wenn du es mit dir und deiner Beziehungsform vereinbaren kannst, so ist das dein Bier.

Aber hier in diesem Kapitel möchte ich dir ein Werkzeug mitgeben, das dich mit Sicherheit nachhaltig begleiten wird. Das Werkzeug ist simpel und zerbrechlich zugleich – es ist die Berührung. Genau, richtig gelesen: die Berührung. Richtig ausgeführt, kann sie Wunder bewirken. Sie kann Menschen glücklich machen, emotional umstimmen, tröstend sein, euch auf eine Wellenlänge bringen und kann Menschen öffnen. Falsch angewendet kann sie jedoch schädlich sein, kann das ganze Kartenhaus zum Einstürzen bringen.

Wenn wir Menschen physisch berührt werden, so weckt das Erfahrungen. Erfahrungen aus unserer Kindheit, aus Momenten, in denen wir uns durch Berührungen stärken ließen.

Diese Erfahrungen beginnen bereits im Säuglingsalter. Die Berührung tröstet uns, stärkt uns, gibt uns Halt und sorgt für das gewisse Urvertrauen. Wenn wir gestreichelt werden oder uns jemand auf die Schultern klopft, so erweckt das in unserem Unterbewusstsein ein Gefühl des Verständnisses, ein Gefühl der Gemeinsamkeit, des Halts, der Sicherheit. Ein Gefühl der Fürsorge. Und das Schöne daran ist, dass jeder Mensch von Grund auf Berührungen unterbewusst als positiv einordnet. Oft fahren wir uns auch selbst durchs Haar, um unseren Kopf zu streicheln, jetzt, wo es Mama nicht mehr tut. Wir trösten uns damit selbst bei negativen Einflüssen oder wenn wir ans Limit gelangen. Berührungen können nie schaden. Es sei denn, die Berührungen werden bewusst negativ ausgeführt, beispielsweise durch Schläge oder Ohrfeigen.

Mein Rat an dich, weil jeder Mensch positive Berührungen mag: Kommuniziere durch dezente Berührungen.

Oft gebe ich dieses Wissen Geschäftsleuten und Unternehmern weiter. Diese tun sich schwer dabei, weil sie das Gefühl haben, es falle auf oder sie würden damit den Kunden bedrängen. Die Kunst liegt darin, eine Berührung so zu platzieren, dass sie nur vom Unterbewusstsein des Kunden wahrgenommen wird und nicht bewusst. Das lehre ich in meinen Coachings und Seminaren. Positive Berührungen sind nie lästig, wenn sie in einem angenehmen, vernünftigen Maß ausgeführt werden.

Die erste Möglichkeit, die Kapazitäten von Berührungen auszuschöpfen, findest du bei der Begrüßung. Ich beispielsweise begrüße Menschen aus Routine und Wissen fast ausschließlich mit beiden Händen. Das heißt, dass ich mit der einen Hand die Hand des Gegenübers schüttle und zugleich dessen Ellenbogen oder Unterarm dezent mit meiner anderen Hand stütze. Dezent. Nicht fest, aber so, dass sein Unterbewusstsein es als unterstützend, das Bewusstsein aber nicht bewusst wahrnimmt. So hast du auch die größten Chancen, dass dein Gegenüber es bewusst nie als lästig und übermäßig empfindet. Oft berühre ich mit meiner linken Hand sogar den Handrücken des Gegenübers.

Neben der Begrüßung gibt es die Möglichkeit, bei gemeinsamen Lachern eine kollegiale Berührung an der Schulter anzusetzen. Aber wirklich nur dezent. Ich mache es meist dann, wenn das Bewusstsein des Gegenübers durch das Aufrechterhalten des Lachens ausgeschöpft ist und die Berührung dann nicht mehr bewusst wahrgenommen werden kann. Somit zeigst du dem Unterbewusstsein deines Gegenübers, dass du da bist. Dass du zu ihm gehörst. Dass ihr einen gemeinsamen Weg beschreitet und ein freundschaftliches, zwischenmenschliches Verhältnis habt.

Diese Form der positiven Beeinflussung soll dir helfen, mit deinem Gegenüber auf eine Wellenlänge zu gelangen, ein gemeinsames Verständnis herbeizuführen. Das Wichtigste dabei ist: Versuche, authentisch zu sein. Denn wenn dein Gegenüber bemerkt, dass du künstlich versuchst, etwas aufzubauen, was nicht deiner Persönlichkeit entspricht, so wirst du scheitern. Aber man kann es üben. Man kann üben, Zuwendung zu schenken. Und ich wünsche mir, einige würden es üben. Versuch es. Beginne gleich bei deiner nächsten Begrüßung, beide Hände zu verwenden. Du wirst staunen, was du damit bewirkst.

Mentaler Tipp: Berührung (Zuwendung)

Schenke dem Unterbewusstsein deines Gegenübers Vertrauen durch Berührungen.
Vorerst: Versuche einzuschätzen, ob dein Gegenüber Berührungen mag oder nicht.
- *Begrüße dein Gegenüber mit beiden Händen.*
- *Berühre dein Gegenüber in emotional positiven Momenten an der Schulter oder am Oberarm und kommuniziere auf diese Weise seinem Unterbewusstsein, dass du ihm nahe und vertraut bist. Verwende dafür den Zustand, wenn das Bewusstsein deines Gegenübers ausgeschöpft ist, zum Beispiel, während dein Gegenüber lacht.*
- *Kopple durch diese dezenten, vertrauenswürdigen Berührungen gerade aktuell positive Emotionen mit dir und deiner Berührung.*

Ziel: Angenehmeres, verbessertes Vertrauensverhältnis.

Das Wort

Ein weiteres und nicht zu unterschätzendes Mittel ist das Wort. Das Wort ist eine psychische Zuwendung. Wir Menschen sehnen uns nach dieser Zuwendung. Wenn ich mich meinem Gegenüber durch Worte, Aufmerksamkeit und Verständnis zuwende, so redet man von psychischer Zuwendung. Grundsätzlich ist diese Art der Zuwendung zumeist stärker gefragt als die physische. Einige tragen eine physische »Schutzzone« um sich und empfinden Berührungen nicht immer als angenehm und nehmen jede gleich bewusst wahr. Das kann tiefgründige Ursachen haben. Beispielsweise könnten diese Menschen negative Erfahrungen mit physischer Zuwendung gemacht haben. In dem Fall sind geistige Zuwendungsformen geeigneter. Sprich, dass man dem Gegenüber durch Worte zeigt, dass man es versteht. Oder dass man es in einer Annahme unterstützt und geistig stärkt.

Oft beobachte ich überforderte Mütter, die auf dem Spielplatz mit der Busenfreundin über Erziehungsstile diskutieren, während das Kind vor der Mutter hin und her hüpft und schreit: »Mama, Mama, Mama, schau mal. Mama, schau mal. Mama guck mal!« Und was tun die Mütter? Sie beachten das Kind nicht. Geben keine Strokes. Was geschieht? Das Kind lotet die Grenzen aus und versucht, auf diverse andere Art und Weise die Aufmerksamkeit der Mutter zu erlangen. Als letzte Möglichkeit bleibt nur noch der Gedanke des Kindes: »Wenn ich Blödsinn mache, ist Mama immer zur Stelle. Also stelle ich mal wieder etwas an, damit mir Mama endlich zuschaut.«

Auf einmal ist die volle Aufmerksamkeit der Mama da. Doch nur in negativer Weise. Und hier möchte ich wieder zurückgreifen auf die These »Negative Strokes sind besser als gar keine Strokes«. Das Kind erhält zwar seine Aufmerksamkeit, aber in negativer Weise. Das Kind versteht, dass es immer dann, wenn es in die Rolle des »Schlitzohrs« schlüpft, die Aufmerksamkeit erhält, die es braucht. Es beginnt, diese Rolle in der Familie einzunehmen. Und das System ist komplett. Von nun an trägt das Kind vermehrt die Rolle des »Schlitzohres«. Wenigstens funktioniert so der Gewinn der Aufmerksamkeit.

Was ich damit zeigen will, ist, dass wir bereits im Kindesalter nach Zuwendung in geistiger Form streben. Dieses Verlangen endet nie. Selbst im hohen Alter nicht.

Mein Rat ist folgender: Höre deinem Gegenüber aktiv zu, indem du vermehrt seine Worte wiederholst, um ihm zu zeigen, dass du ihn verstehst. Verwende gern auch direkte Sätze wie: »Ich verstehe dich.« Oder nicke mit dem Kopf und schenke deinem Gegenüber die Form der Aufmerksamkeit, die es verdient hat.

Wir Menschen finden es gut, wenn man Interesse an uns findet. Das ist evolutionsbedingt. Folglich reden wir auch sehr gern von uns. Aber wir mögen nicht so sehr Menschen, die immer nur von sich reden wollen und völlig egozentrisch ausgerichtet sind. Deshalb hier ein weiterer wertvoller Tipp: Höre nicht nur aktiv zu und wiederhole manche Worte, sondern widme dich mal völlig deinem Gegenüber und sprich einfach mal die folgenden Minuten nur von ihm. Frage ihn Dinge, von denen du überzeugt bist, dass er gerne darüber redet. Du wirst sehr schnell erkennen, wie dein Gegenüber auf einmal emotional wächst. Sie oder er wird dich binnen kürzester Zeit mögen. Denn wir alle mögen Menschen, die sich für uns interessieren.

Wenn du nun also irgendwann einmal im Rahmen eines Gespräches feststellst, dass es aus dem Ruder zu laufen beginnt, so höre einfach auf, von dir und deinen Sorgen zu reden, und sprich nur noch von deinem Gegenüber. Sein Unterbewusstsein wird wahrnehmen, dass du dich um ihn kümmerst. Es wird sich geschmeichelt fühlen und genau das ist der positive, psychische Stroke. Es braucht psychische Zuwendung. Es möchte von sich reden. Es möchte gelobt werden. Mach das. Lobe es. Sage einfach mal so im Rahmen des Gespräches: »Oh, sehr gut!« Sein Unterbewusstsein wird es auffassen und sich geschmeichelt fühlen.

Beispielsweise kannst du dein Gegenüber fragen: »Wie läuft es denn in der Arbeit? Ich habe gehört, du wurdest befördert. Das finde ich spitze!« Hier fiel bereits ein Lob, nämlich dass du seine Beförderung spitze findest. Sein Unterbewusstsein wird sich freuen. Und er wird antworten: »Ja, genau. Danke. Ich wurde vergangene Woche befördert.« – »Oh, sehr gut! Glückwunsch!« Und schon hat sein Unterbewusstsein wieder einen Grund zum Feiern.

Wir wollen alle gelobt werden. Wir wollen, dass man uns zuhört. Und wir möchten gerne, dass man sich für uns interessiert. Wir wollen einfach nur verstanden werden. Doch natürlich sollst du das auch von dir aus wollen. Wenn du das Interesse und das Lob nur spielst, so wird es sein Unterbewusstsein über kurz oder lang bemerken. Daher liegt der Wille auch bei dir.

Gib ihm die Strokes, die er sich verdient hat. Es wird sich auszahlen, denn er wird dich mögen, wird gut von dir reden und zugleich entsteht ein unbezahlbares Vertrauensverhältnis.

Mentaler Tipp: Psychische Strokes (Zuwendung)

Schenke dem Unterbewusstsein deines Gegenübers Vertrauen durch Worte:
- *Lobe dein Gegenüber dezent im Rahmen des Gespräches (zum Beispiel: »Oh, sehr gut!«).*
- *Höre deinem Gegenüber aktiv zu und wiederhole Fragmente seiner eigenen Sätze.*
- *Rede gemeinsam mit deinem Gegenüber über ihn. Stelle ihm spannende Fragen.*
- *Zeige deinem Gegenüber, dass du es verstehst. Beispielsweise: »Ich verstehe dich vollkommen!«*

Ziel: Angenehmes, verbessertes Vertrauensverhältnis.

Der Wert der Dinge

Tagein, tagaus wird unser Geist mit Informationen überflutet. Meist sind es schlicht und einfach zu viele, um diese bewusst bewerten und einordnen zu können. Eine Vielzahl von Einflüssen kann auch nicht richtig geordnet werden. Und häufig wollen wir unsere Glücks- und Erfolgsempfindungen bewusst wahrnehmen. Nur können wir das nicht immer, weil unser Unterbewusstsein das Sagen hat. Hätten wir also die Möglichkeit, unser Bewusstsein zu entlasten und unser Unterbewusstsein zu unterstützen, so hätten wir viel mehr Struktur in unserer Denkweise.

Mit Struktur meine ich auch Ordnung. Ein Grundsatz hierfür lautet: »Äußere Ordnung führt zu innerer Ordnung.« So simpel, wie es klingt, so einfach ist es auch. Wer fühlt sich nicht wohler, wenn er zu Hause wie auch am Arbeitsplatz Ordnung hat. Wenn wir eine äußere Struktur finden, nehmen wir unserem Unterbewusstsein etwas Arbeit ab. Auch durch eine äußere Ordnung können wir unser Unterbewusstsein entlasten. Unser Bewusstsein freut sich ebenfalls über die Ordnung. Ich habe immense Schwierigkeiten, in meinem Alltag meine Ordnung aufrechtzuerhalten. Doch immer dann, wenn ich vor lauter Arbeit nicht mehr weiß, wo oben und unten ist, beginne ich, mein Unterbewusstsein zu unterstützen, indem ich für die äußere Ordnung sorge. Nicht selten helfen uns auch Arbeitspläne oder Listen. Alle diese Möglichkeiten äußern sich in der Gelassenheit unserer Denkweise.

Wenn wir also unserem Raum und unserer Zeit eine gewisse Ordnung geben, entlasten wir unseren Geist. Dadurch können wir in unserer Tätigkeit einen Wert erkennen. Du kannst einen immensen Wert sogar in nur einem Wort, einem Satz oder einer Geste erkennen, wenn du dir bewusst machst, wie wertvoll die Materie ist. Dann wird dein gesamtes Wesen, die Arbeit und alles, was damit im Zusammenhang steht, wertvoller. Die Folge wird sein, dass du eine allgemeine Zufriedenheit ausstrahlst und selbstbewusster durchs Leben schreitest.

Hier wieder ein Beispiel: Wenn ich in meinen Seminaren meine Inhalte weitergebe, so zeige ich, wie wertvoll das kleinste Wissen in diesem Bereich sein kann. Dass allein eine gezielt eingesetzte Berührung Wunder bewirken kann. Jetzt, da du weißt, dass eine dezente und angenehme Berührung deines Gegenübers – beispielsweise am Oberarm – unterstützend, stärkend und zwischenmenschlich positiv fördernd ist, wirst du auch erkennen, welchen Wert dieses Wissen für dich haben kann. Denn die positiven Auswirkungen werden nicht lange auf sich warten lassen. Dadurch wirst du ein Erfolgserlebnis haben und nach und nach den Wert deiner gezielten Handlungen erkennen.

Viele Firmen haben diesen Fakt erst heute erkannt. Dass wir unser Unterbewusstsein durch eine klare Struktur, durch Ordnung und durch die Vermittlung von Wert stützen können. Als ich neulich in einer Filiale einer bekannten Schweizer Bank war, bemerkte ich, dass sie das Einrichtungskonzept einer anderen Bank nachgeahmt hatten. Sie hatten das Mobiliar sehr dezent und auserlesen, deutlich klarer, aber auch vereinzelt gestellt. Die Innenausstattung der Bank war nur noch sehr minimalistisch auf das Nötigste ausgerichtet. Aber dennoch sahen diese wenigen Möbel sehr edel und klar strukturiert aus. Das veranlasst unser Unterbewusstsein, die Einflüsse viel strukturierter aufzunehmen und sich wohler zu fühlen, da keine Reizüberflutung unser Bewusstsein erschöpft. Der Kunde kann sich angenehmer im Raum orientieren.

Nun versuche, diese materielle Struktur doch einmal auf dich und dein Leben zu übertragen. Versuche mal bewusst, in deiner Handlung Wert zu erkennen. Versuche, die Handlung zu genießen. Versuche, alle deine Einflüsse zu genießen. Jeder Einfluss ist eine Erfahrung. Und für dein Unterbewusstsein gibt es weder gute noch schlechte Erfahrungen. Dein Unterbewusstsein kann nicht werten. Es kann nur aufnehmen. Erkenne die Kunst in dir und deinem Leben. Und du wirst erkennen, wie sehr sich alles zum Positiven auf dein Leben auswirken wird.

Ich beispielsweise habe mich immer nur ans Schreiben dieses Buches gemacht, wenn ich das Schreiben als wertvoll betrachten konnte. Und wenn ich in jedem einzelnen Wort einen Wert erkennen konnte. Das sorgt dafür, dass ich das Endprodukt als wertvoll betrachte und es mit einer immensen Energie vertrete, beschütze und weitergeben kann.

Mentaler Tipp: Der Wert der Dinge

- *Erkenne den Wert einer Berührung, eines Lobes, einer Erfahrung.*
- *Versuche, bewusster zu kommunizieren (nicht unbewusst).*
- *Versuche, dich und dein Umfeld mit dem Bewusstsein (nicht nur unterbewusst) wahrzunehmen. Damit zwingst du das Bewusstsein deines Gegenübers unwillkürlich, auch aktiver zu sein.*
- *Schreibe dir und deinem Verhalten mehr Wert zu. Damit steigerst du dein Selbstwertgefühl und kommunizierst dem Unterbewusstsein deines Gegenübers auch eine erhöhte Präsenz.*

Schreibe allem, was du tust, mehr Wert zu und nehme diesen Wert bewusster wahr. Auf diese Weise kommunizierst du auch selbstbewusster. Minimiere die Anzahl der Reize, die du von dir gibst, aber gestalte diese umso wertvoller.

Ziel: Positive Ausstrahlung des wahrgenommenen Wertes. Innere Ordnung. Geistige Struktur. Sorglosere Gedankenprozesse. Optimierte, geistige Orientierung.

Die Herkunft meiner Fähigkeiten

Eine der häufigsten mir gestellten Fragen ist die, wie man solche Fähigkeiten erlangt. Ob man sich diese aneignet oder ob man sie einfach in die Wiege gelegt bekommt.

Nun – es ist auch für mich schwierig, mit einer mehrheitlichen Sicherheit sagen zu können, woher diese Fähigkeiten kommen. Schließlich kamen sie nicht von einen Tag auf den anderen. Aber ich war bereits im Mutterleib ein besonderes Wesen. Ich hatte schon damals meinen Willen. Ich saß mehrere Monate lang im Schneidersitz im Mutterleib und wollte auch in dieser Position bleiben. Dazu kam, dass ich meine Nabelschnur ein paar Mal um meinen Hals gewickelt hatte. Man holte mich dann letztendlich per Kaiserschnitt raus.

Ich kann mich natürlich nicht mehr daran erinnern, aber so wurde es mir berichtet. Es wäre jedoch möglich, mittels Hypnose zurück zu dem Zeitpunkt zu gelangen, an dem mein Unterbewusstsein ausgereift war und bereits Einflüsse aufnahm und speicherte. Viele Menschen können unter Hypnose zurück zu diesem Zeitpunkt gelangen. Nach rund drei Monaten ist das Unterbewusstsein genug ausgebildet, um Einflüsse abzuspeichern. Allerdings versteht es die Sprache noch nicht, diese lernt es erst später. Das Unterbewusstsein fängt dann auf einmal an, Verknüpfungen zu machen.

Nun eben – ich kann mich nicht mehr an meine Geburt erinnern. Das wäre ja auch verrückt. Aber in der Tat war ich schon damals ein eigenartiger Kerl. Meine beiden Hüften waren aufgrund meiner Art, im Mutterleib zu sitzen, ausgekugelt. Ich musste mehrere Monate lang Schienen an beiden Beinen tragen. Doch noch eigenartiger waren gewisse Atemstillstände, die ich, kaum war ich auf der Welt, hatte. Man sagte, ich vergaß zu atmen. Das könne bei manchen Kindern vorkommen. Die Diagnose war klar. Ich musste bis mindestens neun Monate nach der Geburt in einem Überwachungskasten liegen, denn mehrmals täglich hörte ich einfach auf zu atmen.

Monatelang war ich im Kinderspital unter Aufsicht und durfte nicht nach Hause. Man schloss mich an Kabel an, um die Ströme zu messen. Und Studenten mussten nächtelang neben mir Wache halten, um zu dokumentieren, in welcher Schlafphase die Atemstillstände auftraten. Meine Mutter konnte es kaum mit ansehen, dass sie mich dauernd in diesem Brutkasten zurücklassen musste. Nacht für Nacht. So war sie monatelang bei mir, bis ich einschlief, und jeden Morgen früh bereits wieder da, wenn ich erwachte.

Weil ich einer sicheren Überwachung bedurfte, wurde meine Mutter aufgefordert, ihren Sohn weiterhin unter professioneller Aufsicht zu belassen. Die Apparatur, die Alarm schlug, sobald ich aufhörte zu atmen, durfte sie nicht mit nach Hause nehmen. Und diese zu kaufen war schlicht und einfach zu teuer. Also machte sich meine Mutter auf die Suche nach einer mietbaren. Denn das Spital lehnte eine Vermietung der Apparatur ab. So schrieb meine Mutter einer Zeitschrift für Eltern und fragte nach, ob diese wüsste, wo man eine derartige Apparatur kaufen oder mieten könnte. Binnen kürzester Zeit erhielt sie eine Rückmeldung, dass man das Überwachungsgerät über die Zeitschrift mieten könne. Mit diesem Schreiben ging meine Mutter dann ins Universitätsspital und sagte: »So, ich nehme Gabriel mit nach Hause.« Auf einmal gab das Spital klein bei und willigte in die Vermietung der Apparatur ein, jedoch nur unter der Bedingung, dass sie ein Gerät zur Messung der Herzfrequenzen dazumiete. Die Kosten waren unglaublich hoch. Doch die Krankenkasse übernahm sie glücklicherweise letztendlich. So durfte meine Mutter mich endlich mit nach Hause nehmen, musste allerdings erst einmal einen Erste-Hilfe-Kurs absolvieren, in dem sie lernte, wie sie ihr Baby reanimieren müsste im Falle eines dauerhaften Atemstillstandes. Sie erhielt Schritt-für-Schritt-Anweisungen, die sie zu Hause in Form von A4-Blättern an alle Türen kleben sollte. Auch meine älteren Geschwister sollten wissen, was zu tun wäre, würde ich nicht mehr atmen.

Das Gerät stand nun bei meinen Eltern zu Hause. Es schlug dauernd Alarm, sobald ich nicht mehr atmete. Meist auch mitten in der Nacht. Wenn alle schliefen und Ruhe herrschte, hörte man das Gerät leise im Nebenzimmer arbeiten. Meine Eltern wussten, dass es jederzeit Alarm geben konnte. Dazu kam die Angst meiner Mutter, dass das Gerät vielleicht einmal einen Fehler machen könnte und ein Atemstillstand unbemerkt bliebe. Der Tod wäre mir in einem solchen Fall sicher gewesen. Monatelang konnte sie kaum ein Auge zumachen. Und wenn sie von der förmlichen Sirene des Todes aus ihrem Bett gerissen wurde, so waren die gelernten Instruktionen ganz klar. Meine Mutter musste mich aus dem

Gerät herausnehmen und mich sanft schütteln, bis ich wieder zu atmen begann. Im allerschlimmsten Falle wäre eine Reanimierung notwendig gewesen.

Auf den Anweisungen, die an den Türen hingen, stand zuunterst, als letztmöglicher Schritt, ein Satz des Grauens. Ein Satz der Demut und der Trauer: »Warten Sie nun, bis der Rettungswagen eintrifft. Sie haben alles getan, was in Ihrer Macht lag.« Meine Mutter konnte diesen letzten Satz kaum lesen. Es war für sie ein Graus. Allein die Vorstellung, mit ansehen zu müssen, wie das eigene Kind in ihren Armen stirbt. Und man nichts tun kann. Man nicht einmal weiß, woher diese Atemstillstände kommen. Und wie lange sie da sein werden.

Meine Mutter musste Stärke zeigen. Stärke und Sicherheit in ihrer Entscheidung. In ihrer Entscheidung, mich mit nach Hause zu nehmen. Mir die mütterliche Liebe geben zu können und mich nicht im Spital liegen zu lassen. Sie war im Zwiespalt: Im Spital hätte ich Sicherheit, aber keine Liebe und Zuwendung. Zu Hause hatte ich alle Liebe der Welt, nur keine Sicherheit. Doch meine Mutter wusste intuitiv, wie wichtig die Liebe und Zuwendung ist, die wir alle brauchen. Und dass die Liebe die wohl stärkste Form der Zuwendung ist.

Ich bin meiner Mutter noch heute derart unbeschreiblich dankbar dafür. Ich habe bislang noch nirgends einen Menschen getroffen, der diese Liebe in sich trägt, sich für andere Menschen in Not so einsetzt. Anderen Menschen hilft, ohne ein Dankeschön zu erwarten. Selbstlos und sprühend voller Liebe. Was sie für uns Kinder und insbesondere für mich getan hat, ist nicht in Worte zu fassen. Unsere Familie hatte vielleicht nicht viel Geld – doch sie war reicher als jede andere. Denn wir hatten uns und wir hatten unsere Liebe, unseren Zusammenhalt. Wir halfen einander, wenn unsere Eltern arbeiten waren. Man kochte füreinander und half dem anderen, ohne auch nur das Geringste zurückbekommen zu wollen. Für diese Liebe bin ich meiner Mutter so unendlich dankbar. Denn sie ist nicht käuflich.

Ich kann mich an die Momente der Atemstillstände nicht mehr erinnern. Doch nach rund neun Monaten nahmen sie nach und nach ab und ich lernte zu atmen. Aber ich sehe es auch heute noch nicht als selbstverständlich an, atmen zu können, und schon gar nicht, atmen zu dürfen. Welch schönes Gefühl ist es, die Welt spüren zu dürfen und jeden Atemzug bewusst zu genießen. Zu spüren, dass wir leben. Bewusst zu genießen, wenn wir uns nicht gut fühlen. Wenn wir uns schlecht fühlen, weil wir zu viel Steuern zahlen, weil wir zu wenig Geld haben. Weil wir doofe Freunde, weil wir einen nervigen Job haben. Oder weil unsere Luxusarmbanduhr, die wir an unserem Handgelenk tragen, auf einmal zum halben Preis verkauft wird.

Wenn man nur einmal im Leben dem Tod knapp entkommen ist, so lernt man daraus, dass das Leben nicht selbstverständlich ist. Dass Gesundheit nicht selbstverständlich sein soll. Und dass unser Leben in Wohlbefinden, sozialem Ausgleich und Gesundheit zu schätzen ist. Ich habe, kaum auf der Welt, nicht nur einmal dem Tod in die Augen gesehen.

Lange sagte mir meine Mutter: »Du brauchst keine Angst vor dem Tod zu haben. Der gehört nun einmal zum Leben.« Und schon früh antwortete ich ihr: »Ich habe keine Angst vor dem Tod – ich freue mich einfach, leben zu dürfen, und möchte mich weiterhin daran erfreuen dürfen.«

Die ausgetrocknete Wiese

Kaum hatte ich gelernt, zu atmen und zu leben, wurde ich vor die nächste Prüfung gestellt. Die wahrscheinlich härteste Prüfung, die ihre Spuren bis heute hinterlassen hat. Äußerlich wie innerlich, auf meinen beiden Händen gibt es jeweils einen winzigen, rosaroten Punkt. Ein kleines Pünktchen. Der eine auf meinem Handrücken, zwischen Zeigefinger und Daumen, und der andere direkt unter dem Daumen. Diese beiden Punkte sind zwei übrig gebliebene Andenken an Dutzende von Nadeln und Kabeln, an die ich angeschlossen wurde. Ich kann mich erinnern, als ich – da muss ich ungefähr vier Jahre jung gewesen sein – mit meiner Mutter ins Spital gehen musste. Mal wieder. Man untersuchte mich. Die ganze Nacht über. Ich musste mich mehrmals fotografieren lassen. Und meine Mutter fühlte sich so traurig, mir alles das antun zu müssen – weil die Ärzte es wollten. Man musste mich untersuchen. Ich war und blieb ein Rätsel. Man fotografierte mich vor einer Wand. Hinter mir war ein überdimensionaler Maßstab. Er gab Hinweise über meine Körpergröße. Ich musste mich von allen Seiten fotografieren lassen. Meine Mutter stand daneben und musste zusehen. Ich konnte das alles nicht verstehen. Ich verstand nur nach und nach, dass ich scheinbar anders war als alle anderen Kinder. Aber ich war so froh, dass meine Mutter stets bei mir war. Sie gab mir Sicherheit und Halt. Dennoch mochte ich nach manchen Stunden Krankenhausaufenthalt nicht mehr von Raum zu Raum gehen. Mich röntgen lassen. Mir erneut Blut abnehmen lassen. Jede Nadel, die man in meinen Körper stach, war für mich unerklärlich. Und zugleich akzeptierte ich es, anders zu sein. Ich akzeptierte es einfach. Doch nie fühlte ich mich krank. Nie.

Die Spezialisten klärten meine Mutter darüber auf, dass ich eine sehr seltene, unerklärbare Art von Anfällen hatte, die zwar bekannt war, jedoch sehr selten vorkomme und die es in diesem schwerwiegenden Grad noch nie gegeben habe, respektive es dazu weltweit keine Erfahrungsberichte gäbe. Sogenannte Affekt-Anfälle. Sie kamen also aus dem Affekt und waren rational nicht erklärbar. Denn scheinbar waren die Atemstillstände bislang nur die Vorboten besonderer, unerklärbarer Anfälle.

Bis ich sieben Jahre alt war, hatte ich mehrmals täglich diese Anfälle. Ich spürte, wenn sich wieder ein Anfall anbahnte. Sie entstanden meist aus Aufregung, aus inneren Gedanken, Bedürfnissen, Monologen und aus Frustration. Oft begannen sie so, dass ich anfing zu weinen. Doch das musste nicht immer der Fall sein. Dann rang ich nach Luft und mein Atem wurde sehr schwer und tief. Mir wurde schwarz vor Augen und ich kollabierte jedes einzelne Mal. Ich zitterte am ganzen Körper. Und mein Körper zuckte wie ein Fisch, den man aus dem Wasser nimmt und an Land wirft. Der Anfall erreichte dann immer seinen Höhepunkt im Atemstillstand, in einer Lähmung und zugleich einer Starre. Ich wurde jedes einzelne Mal ohnmächtig, bewusstlos. Mein Bewusstsein setzte aus, und das mehrere Minuten. Was sich die Ärzte nicht erklären konnten, war die hohe Anzahl der Anfälle. Bis zu dreiundzwanzig Mal am Tag wurde ich ohnmächtig. Ich hatte also in Spitzenzeiten ein- bis zweimal in der Stunde einen Anfall. Und war bewusstlos. Weg. Einfach weg. Und es gab keine Möglichkeit, mich zurückzuholen. Meine Mutter hatte immer nur eine Möglichkeit: abzuwarten, bis ich von selbst wieder zurückkam. Abzuwarten, bis die Ohnmacht den Krampf und die Lähmung löste. Denn immer erst dann kam ich zurück ins Hier und Jetzt. Und wenn sie heute noch davon erzählt, so sagt sie: »Es war immer ein Sterben und wieder Zurückkommen. Du lagst wie tot in meinen Armen. Und ich konnte einfach nur hoffen, dass du wieder zurückkommst. Du kannst dir gar nicht vorstellen, wie grausam das für eine Mutter ist – wenn das Kind in den eigenen Armen förmlich stirbt. Und man hilflos ist. Nicht einmal die Spezialisten können einem weiterhelfen.«

Ich kann mich an Bilder erinnern, die ich in den bewusstlosen Zeiten hatte. Noch heute begleiten mich diese Bilder. Jedes einzelne prägte sich ein. Und zugleich war jedes einzelne eine Nachricht meines Unterbewusstseins.

Das Bild, das mich am häufigsten begleitete, war ein Bild von mir. Ich sah mich aus einer eigenartigen Perspektive von oben. Aber es war keine Vogelperspektive. Ich stand auf einer Wiese, auf einer braunen, ausgetrockneten, weiten Wiese. Und neben mir stand ein Stück eines Holzzauns. Eines dunkelbraunen Holzzauns. Mir schien es, als würde man etwas von mir erwarten. Eine gefühlte Erwartung war da. Und ich wusste sogar, woher sie kam. Sie kam von oben. Nur, wenn ich nach oben sehen wollte, wurde ich geblendet. Es war so hell. Ich musste den Zaun akzeptieren.

Es gab etwas, was ich mit diesem Zaun machen sollte. Doch ich wusste nicht was. Und ich weiß es bis heute nicht. Den Zaun überschreiten? Über den Zaun klettern? Ihn von der Wiese nehmen? Doch die Wiese war weit, unendlich weit. Es war kein Ende in Sicht. Ich wusste, dass ich auf der Wiese bleiben, dass ich eine Lösung finden musste. Eine Lösung. Für was? Das wusste ich auch nicht. Ich wusste nur, dass ich etwas tun sollte. Doch ich hatte keine Hilfe. Keine Werkzeuge. Keine Mittel. Und kaum habe ich versucht, irgendetwas Gutes zu tun, meine Aufgabe zu akzeptieren und zu zeigen, dass ich etwas tue, hörte ich auf einmal Stimmen, die mir bekannt vorkamen. Stimmen, nach denen ich mich sehnte. Sie klangen so vertraut und kamen immer näher. Und auf einmal war ich zurück. Zurück im Leben. Und nie, wirklich nie, konnte ich den Übergang festhalten. Ich hatte keine Erinnerung an den Übergang. Ich erinnerte mich meist nur an das Bild der Wiese.

Dafür konnte jedes einzelne Mal meine Mutter den Übergang vom bewusstlosen Zustand ins Hier und Jetzt feststellen. Denn immer wenn ich zurückkam, fing ich an zu sprechen. Wirres Zeug. Ich sprach aber mit jemandem. Davon ist meine Mutter noch heute überzeugt. Sie berichtete: »Immer dann, wenn die Ohnmacht deinen Anfall löste, wurdest du bewusstlos. Manchmal minutenlang. Du lagst da, reglos. Als wärst du jedes Mal gestorben. Man konnte dich nicht künstlich zurückholen. Du musstest von selbst zurückkommen. Immer dann, wenn du zurückgekommen bist, begannst du, langsam und leise zu wispern und dann, förmlich wie in

Hypnose, mit irgendwelchen Gestalten da oben zu sprechen. Ich würde viel dafür geben, wenn ich herausfinden könnte, mit wem du jedes Mal gesprochen hast.«

Oft träumte ich sogar von der Wiese. Heute noch kann es vorkommen, dass ich von der Wiese träume. Nur habe ich inzwischen keine Angst mehr davor. All die unangenehmen Gefühle, die ich damals hatte, kommen heute, wenn ich wieder auf der Wiese stehe, hoch. Gefühle der Einsamkeit, der Unendlichkeit.

Für meine Mutter war das eine schwere Zeit. Sie musste Stärke zeigen und Durchhaltevermögen. Mit sieben Kindern und dann noch ohne Mann an ihrer Seite. Sie musste uns alle allein ernähren – mit einem Knochenjob.

Wenn meine Mutter von den Anfällen erzählte, dann sagte sie: »Die schlimmsten Ereignisse waren die, wenn die Menschen auf der Straße eingreifen wollten, um dir zu helfen. Beispielsweise als ich mit dir im Büchergeschäft war und du in deinem Kinderwagen saßest. Du musst irgendetwas gesehen haben, dass du unbedingt haben wolltest. Und schon hattest du wieder einen Anfall. Jeder Anfall sah derart brutal aus, dass die Menschen es nicht einordnen konnten. Eine Dame im Bücherladen schrie: ›Helfen Sie doch Ihrem Kind! Der muss zu einem Arzt!‹ und ich antwortete energisch: ›Ich komme ja gerade vom Arzt!‹ Nach den immer heftiger werdenden Zuckungen wurdest du steif wie ein Brett und bist unten aus dem Kinderwagen rausgerutscht.

Auch schlimm war der Anfall auf dem Egelsee. Wir wollten dort Schlittschuh laufen. Es war Winter und der See war zum Schlittschuhlaufen freigegeben. Ich habe dich einmal aus den Augen verloren, als du wieder einen Anfall hattest und eine Frau hysterisch rief: ›Einen Arzt! Schnell! Einen Arzt!‹, und ich sagte: ›Er ist bereits in Behandlung. Ich weiß, was zu tun ist. Sie können nichts tun. Sie müssen den Anfall an den Höhepunkt kommen lassen.‹ Währenddessen spreiztest du, auf dem Rücken liegend, deine Arme weit aus und zucktest immer schneller und schneller. Bis du auf einmal, wie ein auf dem Land sterbender Fisch, immer weniger zucktest und starr und gelähmt dalagst. Bewusstlos. Und ich warten musste, bis die Ohnmacht den Krampf löste und du wieder atmetest. Und das bis zu über zwanzigmal am Tag. Als du da beim Egelsee ohnmächtig wurdest, standen alle Menschen wie Schaulustige um uns rundherum und dachten sich, welch schreckliche Mutter ich sei, meinem Kind nicht helfen zu können. So sehr ich es wollte, man konnte dir nicht helfen. Und auch die Profaxe sagten, dass ich jede Ohnmacht kommen lassen und hoffen musste, dass die Bewusstlosigkeit den Krampf löse. Am schlimmsten war die Zeit zwischen deinem sechsten und neunten Lebensmonat. Denn bereits mit dem sechsten Lebensmonat kam der erste Anfall dieser Art. Tagsüber hattest du die Anfälle. Und nachts vergaßt du zu atmen. Du vergaßt zu atmen, bis du neun Monate jung warst. Und die Anfälle hielten an, bis du sieben Jahre alt warst.

Eine der schlimmsten Szenen spielte sich in Bern ab. Du warst ungefähr fünf. Du hast mich zur Arztpraxis begleitet, die ich regelmäßig reinigen und betreuen musste. Du mochtest die Hüllen der Spritzen, die es dort gab. Natürlich ohne Nadeln, versteht sich. Du warst etwa fünf. Und du wolltest die Spritzenhüllen in Wasser tauchen, die leeren Hüllen mit

Wasser füllen und damit immer wie mit einer Wasserpistole im Freien herumspritzen. In der Arztpraxis gab es diese Spritzenhüllen in unterschiedlichen Größen. Und weil du dich in der Praxis immer vernünftig verhalten musstest, durftest du dir von den Spritzenhüllen ein paar Exemplare aussuchen. Da es unterschiedliche Größen gab, wolltest du jeweils von jeder Größe eine mitnehmen. Als wir die Praxis verließen, warst du glücklich und zufrieden. Du hast deinen Sack mit den Spritzenhüllen vor lauter Freude vor- und zurückgeschwungen. Als wir zur Haupteingangstür herauskamen, warst du schon weit voraus und konntest es kaum erwarten, mit den halbwegs selbst gebastelten Wasserpistolen zu Hause im Garten herumzuspritzen. Wir gingen zum Hauptbahnhof. Ich ging unter der Laube der Aarbergergasse und du außerhalb. Die wenigen Autos, die dort durchfuhren, mussten langsam fahren. Heute ist dort autofreie Zone. Doch schon damals war es nicht ungewöhnlich, auf der Gasse zu gehen. Du fandest es lustig, mit den Pfeilern der Lauben zu spielen, und hast dich immer hinter den Pfeilern versteckt. Auf einmal habe ich dich aber nirgends mehr gesehen. Dachte aber, dass du schon wieder auftauchen würdest. Als ich auf die Gasse kam, um nachzuschauen, wo du bliebest, konnte ich nur noch zusehen, wie du deine letzten, torkelnden Schritte gemacht hast, nach Atem rangest und zu Boden fielst. Direkt vor die Füße einer schwangeren Frau, die Hand in Hand mit ihrem Mann auf der Gasse spazieren ging. Die Frau erschrak fürchterlich, als du auf einmal, auf dem Rücken liegend, mit weit ausgestreckten Armen anfingst, am ganzen Körper heftig zu zucken und zu zittern, und immer mehr und mehr nach

Atem gerungen hast. Du hast diesen Anfall wohl nur aufgrund eines einzigen Gedankens bekommen. Wahrscheinlich hast du dir eingebildet, du würdest mich nicht mehr finden. Auf jeden Fall hast du während des Kollapses deinen kleinen Plastiksack mit den Spritzenhüllen fallen gelassen. Alle Spritzenhüllen, sauber verpackt, fielen aus dem Sack und lagen auf der Straße. Dreimal darfst du raten, welches Bild ich vermittelte. Mein Sohn fällt auf den Boden, streckt seine Arme weit aus, fängt grundlos an, zu zucken und zu zittern, wird ohnmächtig und gleichzeitig fallen ihm sauber verpackte Spritzen aus dem Beutel. Die dachten doch, du wärst ein Drogenkind, das für seine Mutter die Spritzen tragen musste. Dann kam sie auch noch persönlich angerannt und sagte, sie sollen dich ohnmächtig werden lassen – da sich nur so der Krampf lösen könne. So lustig die Geschichte klingt – so lustig ist sie jetzt im Nachhinein auch. Nur damals hätte ich mich in diesem einen Augenblick am liebsten in ein Mauseloch verkrochen. So sehr habe ich mich geschämt für die ganze Situation. Die konnten ja nicht wissen, weshalb du die sauber verpackten Spritzenhüllen in deinem Sack mit dir trägst. Auf alle Fälle sah ich noch genau, wie die schwangere junge Frau ihren Bauch mit beiden Händen streichelte, so als wolle sie ihr ungeborenes Kind beschützen.«

Als mir meine Mutter diese Geschichte erzählte, musste ich weinen und lachen zugleich. Unsere Familie war einfach unvergleichbar. Und solche Vorfälle gab es öfter. Jedes Mal, wenn wir darüber reden, muss ich laut lachen. Ich kann mich nicht mehr an die Situationen erinnern – grundsätzlich habe ich vieles aus meinem Langzeitgedächtnis vergessen –, aber ich kann mir sehr gut vorstellen, wie schrecklich sich meine Mutter geschämt haben muss. Obschon sie mir ja die Wasserspritzen nur gegeben hat, damit ich nicht schon in der Arztpraxis einen Anfall bekomme, weil ich etwas nicht erhalten hatte, das ich haben wollte. Oft bekam ich die Anfälle nur, weil ich etwas nicht konnte, was alle anderen älteren Geschwister bereits konnten. Beispielsweise hatte ich mit sechs Monaten Anfälle, weil ich, wie meine Geschwister auch, schon laufen können wollte. Wenn sie durch die Stube rannten und ich nicht mitmachen konnte, war der Ohnmachtsanfall vorprogrammiert. Ich musste mit mir, meinen Frustrationen und inneren Monologen einen Kompromiss finden. Ich musste lernen zu akzeptieren, dass ich manche Dinge nicht konnte. Aber vielleicht kommt genau daher mein Wille, etwas zu können, was andere nicht können, anderen voraus zu sein. Zumal ich es so lange nicht war.

Ich brachte mir bei – da war ich ungefähr sieben Jahre alt – zu sagen, dass ich von niemandem bevorzugt werden möchte, nur weil ich diese eigenartigen Anfälle hatte. Ich konnte es nicht ertragen, wenn man mich »verwöhnte«, nur weil ich halt mal gefährdet war, mehrmals täglich ohnmächtig zu werden. Wenn ich den Verdacht hegte, dass man mich künstlich bevorzugen oder trösten wollte, regte ich mich wieder auf. Vielleicht erkenne ich auch deshalb, ob es jemand ehrlich mit mir meint oder nicht – ob mich jemand belügt, mir Emotionen vortäuscht und nicht authentisch ist. Diese inneren Gedanken führten dazu, dass ich mich emotional in die Sache hineinsteigerte, immer tiefer und tiefer einatmete und wieder einmal kollabierte. Selbst heute ist es noch so, dass ich mit künstlicher Zuwendung nichts anfangen kann. Zuwendung muss aus meiner Sicht authentisch sein. Denn sie kommt von Herzen. Und was von Herzen kommt, soll echt sein.

Mit jedem Mal, wenn ich bewusstlos dalag, litt mein Gehirn unter Sauerstoffmangel. Manchmal bis zu mehreren Minuten. Meistens stand ich dann auf meiner Wiese und vor mir der Holzzaun. Und jedes einzelne Mal wusste ich sofort, wo ich war. Ich wusste auch, dass ich etwas tun musste. Ich wusste, dass eine Erwartung da war und dass ich von dem hellen Licht von oben beobachtet wurde. Ich musste mich nicht jedes Mal neu in die Situation hineinversetzen. Eigenartig finde ich heute, dass derartige Bilder da waren, obschon mein Gehirn minutenlang keinen Sauerstoff bekam.

Mit zweieinhalb Jahren musste ich deshalb einen wichtigen, kognitiven Test machen. Man war sich sicher, dass mein Gehirn von den in diesem Ausmaß bisher unbekannten Anfällen erhebliche Schäden davongetragen haben muss. Meine Mutter wurde auf das Schlimmste vorbereitet. Die Ärztin setzte sich an den kleinen Tisch neben mich und legte ein Bild vor mich hin. Auf dem Bild war die Karosserie eines roten Autos zu sehen. Doch dem Auto fehlten die Räder. Sie fragte mich, was denn auf dem Bild fehle. Eigentlich sollte ich nur mit dem Finger dorthin zeigen, wo etwas fehlte. Doch frech, wie ich war, riss ich der Ärztin ihren Stift aus der Hand – der eigentlich gar nicht für mich bestimmt war, sondern für ihre Notizen zum Protokollieren – und zeichnete gemütlich die Räder dorthin, wo sie hingehörten. In diesem Alter hätte ich noch längst keine so speziellen feinmotorischen Fähigkeiten haben müssen, noch nicht einmal grobmotorische. Die Ärztin war sprachlos und konnte sich das nicht erklären. Der Tumult rund um meine Anfälle wurde immer größer und größer. Vor allem, weil man sich so etwas nicht erklären konnte. Es hätten deutliche Schäden erkennbar sein müssen. Kognitiv hätte ich zumindestens unterentwickelt sein müssen. Mit jedem Mal, das ich bewusstlos war, hätte ich einen kognitiven Schaden davontragen müssen. Doch die Ärztin sagte zu meiner Mutter: »Es macht fast den Anschein, als würde Gabriel mit jedem Anfall neue Hirnzellen dazugewinnen, anstatt welche zu verlieren.«

Normalerweise hätte mir bei jedem einzelnen Anfall – also in Spitzenzeiten bis zu dreiundzwanzig Mal täglich – eine erhebliche Zahl Hirnzellen absterben müssen. Schließlich war ich jedes einzelne Mal bewusstlos, bekam keinen Sauerstoff und war scheinbar dem Tode nicht fern. Untersuchungen ergaben jedoch keinerlei Verluste. Ganz im Gegenteil, die genauen Untersuchungen ergaben, dass ich ganz gewöhnlich neue Gehirnzellen hinzugewonnen hatte. Dazu musste ich unzählige Untersuchungen über mich ergehen lassen. Man steckte mir überall Nadeln hinein. Man nahm mir Blut ab. Man untersuchte mein Gehirn. Einmal musste ich mir an meinem Kopf unzählige Kabel anschließen lassen, weil die Ärzte untersuchen wollten, was genau vorfalle bei einem Anfall. Man wollte die Gehirnströme messen. Doch natürlich hatte ich genau während dieser Zeit keinen Anfall. Vielleicht war es auch besser, so konnte man nie herausfinden, woher diese Anfälle kamen, was sie sollten und was sie mit mir bewirkten. Ich weiß es bis heute nicht. Vielleicht haben sie einen Zusammenhang mit meinen Fähigkeiten.

Ich bin nur froh, dass ich heute noch leben darf.

Hypnose – das natürlichste Phänomen der Welt

Wir haben es schon unzählige Male am eigenen Leibe erlebt. Ein Phänomen, das in seiner Existenz notwendig ist. Eines, das schlechten Mythen standhalten musste. Zu Unrecht. Dabei ist es ein Phänomen, das in seiner wertvollen Art nicht nur heilend ist, sondern förmlich Wunder bewirken kann. Menschen können sich auf einmal von schwerwiegenden Traumata lösen. Sie werden von Asthma, Herpes, Migräne, Neurodermitis sowie von schrecklichen Süchten und Ängsten befreit. Mithilfe dieses einen natürlichen und in seiner Vollkommenheit genialen Phänomens: der Hypnose.

Die Hypnose ermöglicht uns, den Zugang zu unserem Unterbewusstsein herzustellen. Wie wir wissen, macht unser Unterbewusstsein über neunzig Prozent unseres Geistes aus. Vieles, was auf uns einwirkt, können wir weder bewusst wahrnehmen noch bewusst ordnen, strukturieren und verarbeiten. Wenn wir geprägt werden, so kann sich diese Prägung nach und nach verstärken. Bis sich letztendlich ein Trauma daraus entwickelt. Viele Menschen können sich leider nicht einfach selbst helfen, sie brauchen die externe Hilfe eines qualifizierten Hypnotiseurs.

In der Hypnose als neuem Lernprozess für unser Unterbewusstsein werden unmittelbare Heilungsprozesse ermöglicht. Hat man den Zugang zum Unterbewusstsein, so kann unter Hypnose ein unterbewusster Lernprozess stattfinden. Das heißt, das Unterbewusstsein lernt neu. So kann man Ängste, Süchte bis hin zu Traumata suggestiv beheben oder analytisch auflösen. Durch die immensen Fähigkeiten der Hypnose kann sogar das Immunsystem gestärkt werden. Tests haben ergeben, dass die Muskelmasse zunimmt, bei einer entsprechenden Suggestion wachsender Muskeln.

Wir alle sind – du wirst es kaum fassen – mehrmals täglich in Hypnose. Diese Hypnose, die oft auch Trance genannt wird, aber eigentlich nicht nur eine Trance ist, kann selbst beim Lesen eines Buches eintreten. Vielleicht ist es dir sogar schon passiert. Man erkennt es daran, dass wir motorisch weiterlesen, den Inhalt aber nicht bewusst, sondern nur unterbewusst aufnehmen. Unser Bewusstsein ist in diesem Moment meist mit völlig anderen Gedanken ausgelastet. Dann müssen wir nochmals zurückblättern und das bereits Gelesene erneut lesen. Dasselbe Phänomen erleben wir, wenn wir auf der falschen Etage aus dem Fahrstuhl steigen. Oder wenn wir Auto fahren und am Ziel ankommen, ohne uns an die eigentliche Fahrt zu erinnern. Denn während dieser Fahrt haben wir bestimmt auch Fußgänger über die Straße gelassen. Wir haben bei Rot angehalten und sind bei Grün losgefahren. Wir hatten die Gangschaltung vollkommen im Griff. Aber alles das hat nur unser Unterbewusstsein getan. Bewusst sind wir nicht Auto gefahren. Bewusst waren wir völlig woanders.

Auch wenn wir es meist nicht merken oder wissen, so ist unser Unterbewusstsein in einem stetigen Lernprozess. Es kann nie ausgelastet sein. Alle Einflüsse, die auf uns treffen, werden in unserem Unterbewusstsein gespeichert. Stell dir einmal vor, du sitzt in einem Restaurant. Ein Kollege setzt sich an deinen Tisch und ihr sprecht über dies und jenes. Am Nebentisch sitzt eine kleine Truppe von Mafiosi. Sie planen einen Überfall. Du bist dem Gespräch zwar nicht bewusst gefolgt, aber die Worte wurden von deinem Unterbewusstsein aufgenommen. Also, selbst wenn du nicht bewusst zugehört hast, so kann man dich noch nach zwanzig Jahren mithilfe der Hypnose in diesen einen Moment versetzen und du wirst mir Wort für Wort sagen können, was die Mafia-Truppe am Nebentisch geplaudert hat.

Wer die Hypnose in allen Facetten kennt, das heißt nicht nur die therapeutischen Aspekte, sondern, wie ich als Gedankenleser, auch Wachhypnosen, Blitzhypnosen und unbewusste Hypnosetechniken, der könnte zu kriminaltechnischen Zwecken einiges bewirken.

Aber man kann sich auch selbst durch Selbsthypnose enorm helfen. Ja, es ist in der Tat möglich, sich selbst in einen Trancezustand zu versetzen. Denn in Hypnose schläft man nicht. Man ist völlig hier und hat auch keine eingeschränkte, auditive Wahrnehmung. Man hört alles wie zuvor. Der unterbewusste Fokus wird anders gesetzt und weil der kritische Faktor nur vermindert aktiv ist, kann besser mit dem Unterbewusstsein gearbeitet werden. Der kritische Faktor ist sozusagen der Bodyguard des Unterbewusstseins. Wenn ich dir nun sage, dass Hunde fünf Beine haben, so wirst du das nicht glauben. Dein kritischer Faktor versucht nämlich, sobald ein äußerer Einfluss auf dich trifft, nachzusehen, ob bereits eine entsprechende Erfahrung vorhanden ist. Meine Behauptung

»Hunde haben fünf Beine« würde in diesem Falle von deinem kritischen Faktor abgeblockt. Er bewertet also, was hinein darf und was nicht. Was wir glauben wollen und was nicht. Wenn nun aber dein kritischer Faktor mittels Hypnose nur noch vermindert aktiv ist, dann haben wir einen direkten Zugang zum Unterbewusstsein – schließlich gibt es keinen Bodyguard mehr – und können ihm etwas Neues beibringen.

Wenn dein Unterbewusstsein weiß, dass du Raucher bist, so ist eine Entwöhnung ziemlich schwierig. Zumal du stets diese Vorstellung von dir hast, dass du Raucherin oder Raucher bist. Nun stell dir vor, dass wir gemeinsam deinen Bodyguard, der dein Unterbewusstsein beschützt, etwas ablenken. Wir schicken ihn einfach in die Mittagspause. Er wird sich irgendwo hinsetzen und gemütlich essen, aber mit einem Auge immer noch das Unterbewusstsein im Visier haben. Weil ich ihm eine Pause gestatte, darf ich auch gemeinsam mit dir ins Unterbewusstsein. Dort angekommen, kann ich neue Suggestionen platzieren oder vorhandene Prägungen analytisch finden und auflösen, sodass du letztendlich Nichtraucher wirst.

Sei dir jedoch bewusst, dass du nicht gegen deinen Willen hypnotisiert werden kannst! Das ist nicht möglich. Du musst es wollen, daran glauben und dem Hypnotiseur vertrauen können. Der Hypnotiseur kann dir in keiner Weise schaden, dafür hat dein Körper genug Schutzreflexe und -mechanismen. Unter Hypnose haben wir außerdem eine immens erhöhte Gehirnaktivität. Also wirst du für einen kurzen Moment schneller und effektiver denken können. Du wirst also sozusagen etwas schlauer. Und deshalb kannst du unter Hypnose auch keine Geheimnisse preisgeben. Du könntest den

Hypnotiseur jederzeit belügen. Schließlich bist du ja auch kreativer. So lässt sich eine Lüge viel schneller kreieren. Deine individuelle Moral ist immer noch aktiv – und deshalb kannst du unter Hypnose nichts tun, was dir schaden könnte oder was du nicht möchtest.

Die Hypnose ist also an sich ein Wunderwerkzeug. Dennoch arbeite ich nicht nur mit Hypnose, sondern auch mit dem geheimen Mentalismus-Wissen und dem Gedankenleser-Wissen.

Mit meiner eigenen Technik, zusammengesetzt aus diversen anderen fundierten Techniken, konnte ich bereits vielen Menschen helfen, sie heilen, sie von ihrem Leid erlösen. Und geistig dort hinbringen, wo sie sein möchten. Meine Art zu arbeiten ist tiefgründig. Eine effektive, tiefe kognitive Arbeit. Ich habe mich unheimlich gefreut, als ich meine ersten Klienten heilen konnte, die bereits bei diversen Ärzten und Psychologen waren – und denen niemand helfen konnte.

Therapeutische Hypnose und Showhypnose

Es ist eine Hassliebe zwischen der therapeutischen Hypnose und der Showhypnose. Ich wurde in beiden ausgebildet und arbeite schon lange mit beiden Aspekten. Auch habe ich meinen Weg zur Hypnosetherapie über die Showhypnose gemacht, zumal ich unheimlich davon fasziniert war, dass der Hypnotiseur auf der Bühne einfach nur schnipsen musste und die Hypnotisanden binnen Bruchteilen einer Sekunde in Hypnose fielen. Diese Technik nennt sich Blitzhypnose. Man nimmt an, dass der Hypnotisand, sprich die zu hypnotisierende Person, binnen eines Wimpernschlags in Hypnose versetzt wird. Und genau hier liegt einer der Knackpunkte, weshalb Hypnosetherapeuten die Showhypnose nicht mögen. Eben weil die Showhypnose den Menschen den Eindruck vermittelt, als könne der Hypnotiseur mittels Schnipsen seine Leute in Hypnose versetzen. In der Hypnosetherapie dagegen läuft das völlig anders ab, dort verwendet man meist eine progressive Einführung in die Hypnose, sprich, man versetzt seinen Klienten langsam, geborgen und vertrauenswürdig in Trance.

Eines sollte man an dieser Stelle ganz klar sagen: Ein Hypnosetherapeut, der seinen Misserfolg mit der Showhypnose erklärt, der sollte seinen Job besser gleich an den Nagel hängen, denn es liegt absolut im Ermessen des Hypnosetherapeuten, seinen Klienten vollumfänglich im Rahmen eines Vorgespräches darüber aufzuklären, was Hypnose ist und was sie nicht ist. Ein Zahnarzt, der bohrt, ohne nach einer Anästhesie zu fragen, ist selber schuld, wenn der Klient sich über Schmerzen beklagt. Aufklärung ist auch hier das A und O. Einig sind sich alle: Der Zustand auf der Bühne ist kein gespielter Zustand. Es ist Hypnose und vollkommen vergleichbar mit dem Zustand, wie ihn die Klienten im Rahmen der Therapie erleben.

Ist jedoch ein Klient nicht hypnotisierbar, weil er vielleicht Angst hat, sich unsicher ist oder eben genau diese Erwartungshaltung hat, dass der Hypnosetherapeut einmal schnipst, und schon ist man weg, dann liegt es am Therapeuten, den Klienten aufzuklären, dass man erstens keine Angst haben muss, da es nichts zu befürchten gibt, sondern nur Eigenschaften und Qualitäten hat, auf die man sich freuen kann. Zweitens, man nicht einfach so schnipsen kann und der Klient in Hypnose fällt und drittens, man überhaupt nicht weg ist, sondern im Gegenteil, man alles hört, fühlt und selbst entscheiden kann, was man tun will und was nicht. Dass man als Klient nicht willenlos daliegt und einem der Speichel aus dem Mund läuft, sondern, dass man unter Hypnose stets die vollkommene Kontrolle über sich hat. Und auch dass selbst die Probanden auf der Bühne stets die vollkommene Kontrolle haben. Alle haben eine große Gemeinsamkeit: Sie alle wollen hypnotisiert werden, glauben daran und vertrauen dem Hypnotiseur. Sie haben selbst auf der Bühne die vollkommene Kontrolle über sich und würden Dinge, die ihnen schaden könnten, nicht ausführen.

Folglich ist die Showhypnose für jeden Hypnosetherapeuten das perfekte Aushängeschild dafür, was während der Hypnose geschieht. Ein Aushängeschild für die immense Kraft der Hypnose. Die Showhypnose ist folglich das beste und zugleich kostenlose Marketingkonzept für die Hypnosetherapie. Denn ohne die TV-Shows, ohne die Showhypnotiseure hätten die Hypnosetherapeuten kaum die Kundschaft, die sie letztendlich zählen dürfen. Die Kunst liegt darin zu erkennen, dass beides einander braucht: Die Hypnosetherapie braucht die Showhypnose, damit wir Menschen überhaupt eine implizierte Vorstellung davon haben, was Hypnose ist, welche Wirkung sie hat. Und damit die Hypnose populärer, umgänglicher und alltäglicher gemacht wird, wie beispielsweise in den USA. Dort ist Hypnose so gut wie allen ein Begriff. Hier in der Schweiz und grundsätzlich in Europa begegnen wir oft Menschen, die fragen: »Hypnose? Was ist das noch mal? Was kann man damit bewirken?« Zugleich kann die Showhypnose froh sein über die klinische wie auch die therapeutische Hypnose, die dem Ganzen den Showeffekt nehmen und eine professionelle Basis bilden.

Ich beherrsche den Spagat. Dennoch will ich meinem Publikum nicht vorenthalten, was mittels Suggestionen möglich ist, und biete ihnen gerne mal das eine oder andere charmante Hypnoseexperiment an. Es ist nun einmal ein eindrückliches Phänomen.

Eine weitere Schnittmenge der Showhypnose und der therapeutischen Hypnose ist die, dass in beiden Fällen der Rapport zwingend notwendig ist. Sprich, dass das Vertrauensverhältnis vorhanden sein muss, alle vom selben reden, eine ähnliche Vorstellung teilen und sich der Hypnotisand vollkommen auf den Hypnotiseur einlassen muss. In der Hypnosetherapie sollte das durch das Vorgespräch bewirkt werden. In der Showhypnose mittels Filter, denn der Showhypnotiseur filtert seine Probanden aus und sucht sich nur diejenigen aus, bei denen auch wirklich der Rapport vorhanden ist; sprich, die sich vollkommen darauf einlassen und garantiert hypnotisierbar sind.

Ich persönlich wende das sogar in der Hypnosetherapie an: Weshalb sollte ich einen Klienten behandeln, der mir sagt: »Ich würde gerne weiterhin rauchen, aber mein Arzt hat gesagt, ich müsse nun aus gesundheitlichen Gründen aufhören und meine Frau macht ebenfalls Drama.« Bei diesem Klienten weiß ich bereits vorher, dass er seiner Sucht gerne weiterhin verfallen möchte und insgeheim gar nicht behandelt werden will. Der Wille zur Veränderung ist nicht vorhanden. Die Vorstellung folglich auch nicht. Also schicke ich ihn wieder nach Hause. Ihm und mir zuliebe. Ihm zuliebe, damit er Geld spart, und mir zuliebe, damit meine hohe Erfolgsquote durch ihn nicht verfälscht wird.

Fünfundvierzig Jahre aufgelöst, weil er es wollte

Ich gebe es zu: Meine Therapiesitzungen waren, sind und bleiben ungewöhnlich. Denn ich verbinde bewusst mein Gedankenleser-Wissen mit dem therapeutischen Wissen der Hypnose. Ich habe schon immer anders gearbeitet als alle anderen Therapeuten. Und scheinbar machte das meinen Erfolg aus. Das war dann irgendwann auch ausschlaggebend dafür, dass ich viele Klienten ablehnen musste – weil die Nachfrage zu hoch wurde. Ich will mich hier keineswegs brüsten, nur kamen aufgrund der Erfolge meiner Klienten immer mehr Anfragen. Menschen, die aufhören wollten zu rauchen, die an Gewicht verlieren wollten. Menschen, die tiefe Traumata hatten, die unter Schlafstörungen, Phobien, Schmerzen oder unter schlimmen Suchtverhalten litten. Ich konnte ihnen allen helfen.

Dafür musste ich mich auf meine eigene Arbeitsweise verlassen können. Deshalb begannen meine Sitzungen immer mit den Worten: »Ich freue mich, dass du etwas gegen deine Problematik tun willst. Ich bin da, um dir zu helfen. Deine Aufgabe ist es, dich einfach gehen zu lassen – mir offen und ehrlich alles zu sagen. Wir müssen zusammenarbeiten. Ich kann nicht einfach schnipsen und schon ist dein Problem weg, sondern es ist eine Zusammenarbeit. Ich bin keine Ressource. Du bist die Ressource. Solltest du mich anlügen, so werde ich es erkennen. Und ich werde dich darauf hinweisen, wenn du lügst, sollte die Lüge nun unnötig und hinderlich sein. Es ist wichtig, dass wir auf einer ehrlichen Basis arbeiten können. Ich werde es nicht werten, wenn du lügst. Aber ich werde dich fragen, was denn nun genau der Grund für die Lüge ist. Und ich werde dir Dinge aus deinem Leben erzählen, die ich in dir, deinem Blick, deinem Verhalten – in deinem gesamten Geist – lesen kann.«

So arbeitete ich und so arbeite ich noch immer. Das Wichtigste an der gesamten Sitzung ist, dass die Klienten die entsprechende Veränderung von sich aus wollen. Wenn ich also herausfinde, dass der Druck zur Veränderung eigentlich von der Ehefrau kommt und nicht vom Mann selbst, dann werde ich keine Behandlung durchführen. Das ergibt keinen Sinn. Genauso muss die Klientin oder der Klient von meiner Arbeitsweise überzeugt sein, sprich daran glauben. Und sie müssen mir vertrauen. Andernfalls ist eine Behandlung wenig sinnvoll. Die Klientin oder der Klient muss es also von selbst wollen, muss daran glauben und mir vertrauen können. Eigentlich nur drei Voraussetzungen.

Einer meiner Klienten, der genau diese Voraussetzungen mitbrachte, war für mich entscheidend, da er mich in meinen Fähigkeiten bestätigte. Er kam zu mir, weil er bereits seit über fünfundvierzig Jahren Alkoholiker war. Er kam aus Zürich. Seine Frau hatte ihn wegen seines Alkoholproblems verlassen. Er war einsam. Alle ärztlichen, medikamentösen Maßnahmen halfen ihm nicht. Eines Tages sah er, wie ich Menschen hypnotisierte. Und sein Wille zur Veränderung war so groß, dass er mich um Hilfe bat. Er kam zu mir und erzählte mir von seiner Sucht, die sein Leben zerstörte, die ihm seine Liebsten nahm.

Ich hörte ihm genau zu und sah seine Ängste in seinen Augen. Ich sah seine Vergangenheit in seinem Geist. Für mich war alles klar verständlich. In meinem Kopf setzte sich Teil für Teil zusammen, bis ein großes Ganzes entstand, das ich vollkommen verstand. Ich verstand alles. Ich verstand jede einzelne Tat. Jeder weitere Schritt war für mich logisch vorhersehbar. Ich las in seinen Gedanken von einem tiefen Geheimnis, das nur ihm gehörte. Und er bejahte es. »Du wurdest als kleiner Junge geschlagen.« – »Ja.« – »Von deinem Vater.« – »Ja.« Er sah zu Boden. Der Blick nach unten als ausweichender Blick für den inneren Halt. Wenn wir traurig sind, schauen wir gerne mal auf den Boden. Wir suchen Halt. Und müssen uns innerlich von unten nach oben hin orientieren.

»Er hat dich täglich geschlagen?« »Nein, nur dann, wenn meine Mutter nicht zu Hause war. Aber woher wusstest du das?« – »Als du dich auf meinen Sessel setzen solltest, warst du sehr zaghaft. Und als du dann darauf saßest, hast du die Armlehne gestreichelt. Der Sessel ist übrigens aus Kunstleder und nicht aus richtigem Leder. Mach dir deswegen keine Sorgen. Du bist hier in Sicherheit. Dein Vater hat dich bestimmt mit dem Ledergurt geschlagen. Deshalb auch die Angst vor Leder.« – »Er hat mich nur mit dem Ledergurt geschlagen.« Er hob seine Brille an und wischte sich eine Träne ab. »Deine Mutter kann das nicht nicht bemerkt haben. Wollte sie es nicht sehen oder durfte sie es nicht sehen?« – »Beides.« – »Okay. Entspanne dich. Niemand kann dir etwas antun. Du bist hier in vollkommener Sicherheit. Möchtest du dich lieber auf einen anderen Sessel setzen?« – »Nein, es geht schon.« – »Ich möchte, dass du jetzt deine Augen schließt und dir vorstellst, du wärst an einem Ort, an dem du dich ganz sicher und wohl fühlst.« Er tat es. Seine Augen flatterten. Sie rollten hin und her. Für mich war klar, dass er schon in einem hypnoidalen Stadium war. Also in einer Art leichter Trance. Allein die Tatsache, dass er sein Trauma aussprechen konnte, war für ihn ein entscheidender Schritt. Die Sitzung dauerte eineinhalb Stunden. Er verließ meine Praxis und war von diesem Tage an abstinent. Seine Frau kam zu ihm zurück. Ich erhielt von ihr später noch ein Dankschreiben. Er war damals bereits seit über fünf Jahren pensioniert. Und seit über fünfundvierzig Jahren Alkoholiker. Sein Wille, sein Glaube, die Kraft seines Unterbewussten haben ihn geheilt. Er ist übrigens immer noch nüchtern. Ich bekomme von ihm beinahe regelmäßig Post. Diese Sitzung war ein tolles Erlebnis.

Ich habe viele Alkoholiker therapiert. Doch diese eine Sitzung war für mich in ihrer Vollkommenheit sehr faszinierend. Weil sie zeigte, wozu der Mensch fähig ist. Dass er eine Sucht, die über fünfundvierzig Jahre seines Lebens beschlagnahmte, einfach so auflösen konnte. Dass er seiner Sucht entkommen konnte dank der Hilfe und der Kraft seines Unterbewusstseins. Seine Frau kam zurück. Die Beziehung blühte auf und auch seine Kinder und Enkelkinder waren stolz auf ihn. Eine wahre Meisterleistung dieses Mannes, vor dessen Willen ich hohen Respekt habe.

Letztes Gespräch mit Mama

Nach einem Fernsehauftritt meldete sich eine Dame Mitte vierzig bei mir.* Sie hatte Ängste, die sie verfolgten, die sie am Einschlafen hinderten. Sie war verzweifelt. Ihr fehlte jegliche Energie. Sie war in eine tiefe Depression gefallen und in psychologischer Behandlung. Doch obschon sich der Psychologe seit mehr als drei Jahren um sie kümmerte und versuchte, ihr zu helfen, kam sie nicht weiter. Sie sagte mir: »Einmal hatte ich während drei bis vier Tagen weniger Ängste und konnte etwas besser einschlafen. Aber dennoch fühlte ich mich nicht wirklich energiegeladener. In der Woche darauf kamen all die Ängste wieder. Ich hatte vor allem große Angst davor, dass die Ängste in der Nacht wieder zunehmen könnten.« – »Was sind das denn für Ängste. Kannst du sie beschreiben oder in Bilder fassen?« – »Nein, das ist das Eigenartige. Ich kann dir gar nicht genau beschreiben, wovor ich Angst habe.« – »Hast du Angst vor der Dunkelheit?« – »Kann sein. Ich schlafe immer mit Licht. Aber dennoch liege ich meist mehrere Stunden wach. Oft kann ich kein Auge zutun. Manchmal schlafe ich erst bei Anbrechen der Morgendämmerung ein. Dann schlafe ich meist wenige Stunden, sobald ich von der Arbeit

* Zum Schutz ihrer Persönlichkeit wurden alle Namen und Herkunft der Betroffenen geändert.

nach Hause komme. Sobald es draußen aber dunkel wird, wache ich von selbst wieder auf.«

Die Dame mit dunklem Haar, leicht südländischem Flair, kaffeebrauner Haut, aber reinstem Schweizerdeutsch fixierte stets einen Punkt im Raum, während sie sprach. So als würde sie ins Leere schauen. Aber eigentlich schaute sie gar nicht ins Leere. Sie hielt sich mit ihrem Blick an einem Gegenstand fest. So als würde sie sich nach Sicherheit sehnen. Ich bemerkte es und fragte sie: »Kannst du mir vertrauen?« – »Ja.« – »Aber du kannst anderen Männern nicht vertrauen.« – »Woher weißt du das?«

»Weil du mir nie in die Augen sehen kannst. Und dein Unterbewusstsein weiß, dass ich ein Mann bin. Deshalb aktiviert sich völlig automatisch dein Schutzmechanismus. Und zwar der, dass du der Gefahr nicht ins Auge siehst. Wenn ein wildes Tier vor dir steht, schaust du diesem auch nicht in die Augen. Weil das Tier auf diese Weise provoziert wird. Aufgrund deiner negativen Erfahrungen weiß dein Unterbewusstsein, dass du mir, weil ich ein Mann bin, lieber nicht in die Augen sehen solltest. Das ist evolutionsbedingt. Zugleich fällt man gewissermaßen in eine Art Schockstarre. Man versucht, möglichst wenig auffällige Bewegungen zu machen. Das tust du auch. Du fokussierst mit deinem Blick irgendetwas da vor uns, findest damit deinen visuellen Halt und versuchst, dich möglichst nicht zu bewegen. Folglich muss dein Unterbewusstsein etwas sehr Negatives mit Männern erlebt haben. Sag mir, was hat man dir angetan?«

Beide hielten wir inne. Ein Moment der Stille. Ihre rechte Hand näherte sich ihrer Nase. Zuerst dachte ich, dass ich sie zum Nachdenken angeregt habe. Dann erst – viel zu spät – erkannte ich die Träne, die ihre linke Wange hinablief.

»Celine, hat man dir wehgetan, als du klein warst?« – »Ja.« Ihre Stimme wurde höher und ruhiger. Es schien mir, als wollte sie nicht darüber reden. Sie fuhr fort: »Niemand.« – Sie schluchzte, holte tief Luft und entspannte sich zugleich. Ich blieb ruhig. Ich zeigte ihr, dass ich sie als Ganzes wahrnahm, dass ich ihr Wesen sah. Ich sagte: »Celine, ich sehe dich.« Sie nahm es einfach hin und antwortete nicht. Dann versuchte sie erneut, sich auszudrücken: »Niemand. Wirklich niemand weiß davon. Nicht einmal meine beste Freundin.« – »Deine Familie auch nicht?« – »Niemand. Es ist mein größtes Geheimnis. Aber ich darf es nicht sagen. Ich will nicht darüber reden. Ich darf nicht.«

Ich ließ ihr die Zeit, die sie dafür brauchte, um über ihre eigenen Worte nachzudenken. Dann versuchte ich, mit ihrem Unterbewusstsein zu reden, indem ich sie fragte: »Weshalb darfst du nicht darüber reden? Wirst du sonst bestraft?« Sie antwortete in Sekundenschnelle: »Ich weiß es nicht. Ich will einfach nicht darüber reden. Ich habe schon zu viel gesagt.«

»Okay, du sollst nur das erzählen, was du erzählen willst. Aber vorerst möchte ich dir noch etwas sagen. Unser Unterbewusstsein ist ein hochkomplexes System. Es kann alles speichern. Keine Information kann je verloren gehen. Selbst wenn wir etwas vergessen, bedeutet das nicht, dass der Gedanke verloren geht. Es bedeutet lediglich, dass man zu diesem Zeitpunkt gerade keinen Zugang zu diesem Gedanken hat. Das heißt also, dass alle unsere Wahrnehmungen in unserem Unterbewusstsein gespeichert werden. Und unser Unterbewusstsein kann nie gefüllt werden. Das ist vergleichbar mit einer unendlich großen Festplatte. Und, Celine – es gibt Momente im Leben, da kann man für die Informationen, die in unseren Geist gelangen, nichts dafür. Es gibt böse Menschen, die sich nicht empathisch in andere Menschen hineinversetzen können – und die einem wehtun. Und es gibt Einflüsse, Wahrnehmungen, Gedanken, basierend auf Erfahrungen, die derart negativ sind, dass sie unser Gehirn nicht nur verdrängt, sondern vergisst. Denn wenn du etwas verdrängst, dann weißt du, dass es da ist und dass du jederzeit darauf zurückgreifen könntest. Du willst aber nicht. Aber wenn etwas einfach so negativ ist, dass es unser Gehirn nicht verarbeiten könnte, dann wird es meist auch nicht verarbeitet und wenn, dann nur schwer. Meist ist es eine Abwehrreaktion unseres Geistes, diese Erfahrung einfach zu vergessen. Und in diesem Fall kannst du auch nichts dafür. Aber, Celine – ich kann dir helfen. Und ich will dir helfen. Ich weiß, wie du denkst, und ich weiß, wie dein Unterbewusstsein arbeitet. Es gibt eine Vorgehensweise, die könnte dir gefallen, Celine. Mittels Hypnose hast du wieder den völligen Zugang zu deinem Unterbewusstsein. Wir könnten herausfinden, was du genau erlebt hast. Du musst dann nur das sagen, was du willst. Du kannst unter Hypnose mit mir sprechen und mir erzählen, was du möchtest. Wenn du etwas nicht sagen möchtest, dann behältst du es einfach für dich. Möchtest du das tun, Celine?«

»Ja, ich will einfach, dass diese Angst aufhört. Am liebsten möchte ich sie einfach wie einen Schalter ausschalten, damit das alles aufhört. Das Leben macht sonst keine Freude mehr für mich.« – »Wir können diesen Schalter umlegen. Das ist kein Problem. Du musst mir nur vertrauen können.« – »Ich vertraue dir.«

Sie erwähnte von sich aus einen Schalter. Und in der Tat gibt es eine Vorgehensweise, bei der man einen Schalter im Gehirn visualisiert und diesen einfach deaktiviert. Ich nahm mir in diesem Moment vor, mit ihr vorerst analytisch zu arbeiten, um herauszufinden, was genau vorgefallen war, damit wir das gezielt in einem weiteren Schritt auflösen könnten. Eigentlich müsste man dafür ganz früh in die Kindheit, wenn nicht gar ins Säuglingsalter gehen, wo unser Unterbewusstsein bereits sämtliche Einflüsse aufnimmt, um herauszufinden, welches negative Gefühl mit den aktuellen Gedanken gekoppelt wird. Aber das sah ich eher für eine zweite Sitzung vor. Ich wollte einfach herausfinden, welche negative Prägung sich im Laufe der Zeit derart verstärkt hatte. Dafür setzte ich sie sanft in eine Trance. Sie war in Hypnose und ich ging mit ihr zurück an einen Zeitpunkt, zu dem diese negative Prägung das erste Mal auftrat. Sie berichtete mir unter Hypnose, dass sie mit ihrer Kameradin spielte, bei ihr zu Hause. Sie wuchs in Chile auf. Sie hatten nicht viel Spielzeug. Aber sie hatte eine Stoffpuppe. Ich beobachtete sie und ihre geschlossenen Augen ganz genau. Sie rollten sehr schnell hin und her. Sie atmete schneller und mir war klar, dass gerade ein unterbewusster Prozess im Gange war. »Celine, was geschieht gerade?« – »Mama geht arbeiten!« Ihre Stimme wird ganz hoch und etwas kindlich. Mir war klar, sie erlebte das bereits Erlebte erneut. »Was geschieht jetzt?« – »Mama bringt mich zu Raphaelo. Ich will nicht hingehen.« – »Weshalb nicht?« – »Darf ich nicht sagen.« – »Celine, ich bin es, Gabriel, ich begleite dich. Du darfst mir alles sagen. Ich werde es niemandem verraten.« – »Nein, ich darf es niemandem sagen.« – »Weshalb nicht Celine? Sagt Raphaelo, dass er dir sonst wehtut?« – »Ich darf nichts sagen.« – »Okay, Celine, wir machen einen Deal. Du musst mir nichts sagen. Aber ich versuche herauszufinden, was es ist, und du antwortest nur mit Ja und Nein. Du musst nichts sagen außer Ja und Nein. Und wenn es richtig ist und ich es herausgefunden habe, kriegst du dein Lieblingsessen. Was ist dein Lieblingsessen?« – »Spaghetti.« – »Mh, lecker. Bist du damit einverstanden, Celine, wenn ich herausfinde, was Raphaelo macht, und ich mit allem richtig liege, dann kriegst du Spaghetti zum Abendessen. Einverstanden?« – »Ja.« Ihre Stimme war sehr sanft und ruhig. Und sie atmete auch wieder ruhiger und langsamer.

Ich fuhr fort: »Celine, hat Raphaelo gesagt, dass er dir wehtut, wenn du jemandem verrätst, was er tut?« – »Nein.« – »Hat er gesagt, dass er jemand anderem wehtut, wenn du verrätst, was er mit dir macht?« – »Ja.« – »Hat er gedroht, deiner Mama wehzutun, wenn du jemandem davon erzählst?« – »Ja.« Ihre Stimme wurde höher und sie wimmerte etwas. Tränen kullerten ihr die Wange hinab. »Celine, du musst keine Angst haben. Deine Mutter ist in Sicherheit. Niemand kann ihr etwas antun.« Ich wusste bereits aus dem Vorgespräch, dass ihre Mutter vor drei Jahren verstorben war. »Celine, sag mir, ist Raphaelo dein Stiefvater?« – »Nein.« – »Aber er wohnte in eurem Haus?« – »Nein« – »Ist es euer Nachbar in eurem chilenischen Dörflein?« – »Ja.« – »Celine, du machst das wunderbar. Ich habe noch eine Frage. Die ist nicht schlimm. Schlägt dich Raphaelo, wenn Mama dich zu ihm bringt?« – »Ja.« – »Macht er sonst noch etwas?« – »Ja.« – »Trägt er Kleider, wenn er dir wehtut?« – »Nein.«

Nach wenigen Minuten fand ich so heraus, dass ihr Nachbar Raphaelo sie nicht nur vergewaltigt, sondern sie auch geschlagen hat. Er sperrte das kleine, fünfjährige Mädchen immer in seinem Keller ein. Der Keller hatte keine Fenster. Es war dunkel. Eine grausame, eklige Geschichte. Leider eine Geschichte, wie ich sie in der Therapie viel zu oft höre. Mehr und mehr wird mir gezeigt, wie grausam der Mensch sein kann. So grausam wie kaum ein Tier, kaum eine Gattung auf unserem Planeten. Doch nun war es draußen: Raphaelo, ihr Nachbar, missbrauchte, schlug und vergewaltigte das kleine Mädchen fast täglich. Über mehrere Jahre hinweg. Bis sie auswanderten und in die Schweiz kamen. Celine ist immer noch in Hypnose. Doch nun erhielt sie unter Hypnose ihre Portion Spaghetti, die sie sich wünschte. Das war der Deal.

Da ich bereits ein kleines bisschen analytisch gearbeitet hatte, versuchte ich nun abschließend, ihre mir im Vorgespräch geschilderte Vorstellung hinsichtlich des Schalters miteinzubeziehen. Dafür suggerierte ich ihr, dass in ihrem Kopf ein Schalter sei, der zuständig für ihre Ängste sei. Und dass sie, wenn sie den Schalter deaktiviere, nicht nur alle ihre schlechten Gefühle und Gedanken deaktiviere, sondern sie zugleich in der Gegenwart bleibe. Als wir uns auf die Suche nach dem Schalter machten, war sie wieder in der Gegenwart. Wir hatten also zu diesem Zeitpunkt ihre Kindheit verlassen. Hier, wo sie in Sicherheit war. Wo niemand ihr etwas antun konnte.

In Hypnose ist die Kreativität deutlich erhöht aufgrund der ebenfalls erhöhten Gehirnaktivität. Sie beschrieb mir den Schalter in ihrem Kopf ganz genau. Sie konnte mir sogar sagen, welche Farbe der Schalter hatte. Sie beschrieb ihn mir als grau, mit einem schwarzen, kleinen Strich in der Mitte. Und dass er eingeschaltet sei. Aber auch, dass sie den Schalter nicht ausschalten könne. Ich fragte sie: »Kann jemand anderes für dich den Schalter ausschalten?« Sie nickte. »Wer kann denn den Schalter ausschalten?« – »Mama. Mama hilft mir.« – »Aber Mama ist doch schon vor drei Jahren gestorben?« – »Ja, aber sie steht wieder neben mir.« Tränen fließen ihre Wangen hinab. Es waren aber Tränen der Freude. Ich sah es genau, weil sie lächelte. Und sie konnte es kaum fassen, ihrer Mutter erneut zu begegnen, nach drei Jahren. »Was sagt deine Mutter? Was geschieht gerade?« – »Sie sagt mir: Störende Emotionen stören nicht nur unseren eigenen Gemütszustand, sie stören auch den Geist anderer.« Ihre Stimme veränderte sich dabei. Sie wurde harmonischer und höher, so als wäre es nicht ihre eigene, sondern als wäre es die Stimme der Mutter. In diesem Moment bekam selbst ich eine Gänsehaut und war extrem glücklich, weil ich wusste, wie sehr sie nach dieser Sitzung geheilt sein würde. Das Sprichwort, das sie sagte, kam so fließend, als hätte sie es auswendig gelernt. Ich wusste nicht, woher das Sprichwort kam. »Kann deine Mama jetzt den Schalter umlegen, Celine?« – »Ja, sie kann es.« – »Dann sage ihr bitte, sie soll es für dich tun, damit es dir gut geht und du endlich zu deinem Frieden kommst.« Sie flüsterte ganz sanft, langsam und so leise, dass sich ihre Lippen kaum bewegten: »Mama, bitte hilf mir.«

Auf einmal atmete sie tief ein. So tief wie noch nie zuvor. So als würde man ihr wirklich in den Kopf hineinlangen und den Schalter umlegen. Ich wich reflexartig mit meinem ganzen Körper zurück, weil ich etwas erschrocken war. Sie hielt ihren Atem an. Ihr gesamter Brustkörper beugte sich nach vorn. Sie machte dabei ein Hohlkreuz und immer noch stand ihr Atem still. Auf einmal löste sich die gesamte Spannung. Sie fiel in den Sessel und entspannte sich so sehr wie nie zuvor. Ihr Kopf senkte sich und ihr Atem wurde ganz ruhig, geschmeidig und tief. Ich ließ den Moment der Stille zu. Sie selbst wirkte sehr erschöpft.

Ich fragte sanft: »Celine, hat deine Mutter den Schalter für dich umlegen können?« Sie nickte ganz leicht. Und nur kurz. Dann fragte ich: »Gibt es noch irgendetwas, was du deiner Mutter geben oder sagen möchtest?« – Sie sagte ruhig und gelassen: »Mama, ich liebe dich.« Erneut spürte ich Gänsehaut, weil ich fühlte, wie emotional dieser ganze Prozess war. Dass, wenn auf einmal die verstorbene Mutter in Hypnose vor einem steht, man gar nichts anderes sagen kann als das Essenziellste aller Worte und Gefühle. Nämlich: Ich liebe dich.

»Celine, gibt es etwas, was deine Mutter dir geben oder sagen kann, jetzt, wo sie vor dir steht?« – »Ja.« Sie atmete ein und aus. Und sagte vorerst nichts. Dann öffnete sie erneut ihren Mund und flüsterte wieder in einer höheren Stimmlage, mit einer völlig anderen Stimmharmonie, Melodie und Intonation: »Celine, ich habe meine letzten Worte nicht böse gemeint. Ich fand es schön, dass du neben mir warst. Es bedeutete alles für mich. Und ich werde dich stets beschützen und nach dir schauen.« Celine presste kurz darauf ihre Lippen stark zusammen. Ihre Augen kniffen sich ebenfalls zusammen. Ihre Stirn runzelte sich etwas, als müsste sie ihre Tränen zurückhalten. Und mir wurde klar, dass sie in der Tat weinen musste. Auf einmal löste sich alles und die Tränen flossen. Sie atmete schnell und zeigte Gefühle der Erleichterung. Ihr Atem wurde immer ruhiger und die gesamte Gesichtsmuskulatur entspannte sich nach und nach. Ich ließ ihr die Zeit, die sie brauchte, um sich körperlich und geistig zu entspannen.

Ich holte sie langsam und geschmeidig zurück ins Hier und Jetzt. Sie öffnete ihre Augen und schon wieder wurden ihre Augen feucht. Die Tränen standen so hoch, dass sie beinahe die Wange herunterkullerten. Ich fragte sie: »Celine, bist du jetzt glücklich?« Und sie antwortete: »Ich weiß gar nicht, wie ich dir danken kann.« Kaum ausgesprochen, kullerten die Tränen die Wange hinab. Ich fragte sie: »Das Sprichwort, das deine Mutter dir mitteilte – kanntest du das?« Sie sah nach oben an die Decke, so, als würde sie zu ihrer Mutter hochschauen. Dann sah sie mich an und sagte gelassen: »Meine Mutter mochte buddhistische Weisheiten. Aber dieses Sprichwort habe ich mir weder jemals gemerkt, noch wusste ich, dass es überhaupt existiert.« Ich überkreuzte meine Beine, lehnte mich auf meinem Sessel zurück und antwortete: »Das – liebe Celine – verwundert mich nicht. Ich bin froh, dass wir die Ursache für deine Angstzustände finden konnten, und ich weiß, dass es dir jetzt besser geht. Ich fühle es. Ich sehe es dir an. Und ich freue mich darüber.«

In der Hypnosetherapie ist immer noch umstritten, wie weit man mit der Hypnose effektiv gehen kann. Meine Meinung ist die, dass die mittels Hypnose entstandenen Bilder einen unterbewussten Prozess antreiben und das Unterbewusstsein im Rahmen dieses Lernprozesses Inhalte neu ordnen, verknüpfen oder gar auflösen kann.

Als Therapeut habe ich schon von diversen Leiden der unterschiedlichsten Art gehört. Es gab Menschen, die anderen Schmerz zugefügt hatten und deshalb ihr Leben nicht mehr lebenswert fanden. Es gab welche, die auf grausamste Weise misshandelt, missbraucht, gefoltert oder sogar verschleppt worden waren, in einem Alter, in dem sie sich weder wehren noch die ganze Situation verstehen konnten. Nun, da sie erwachsen waren, verstanden sie es. Doch die Narben sind nicht wegdenkbar. Einige Klienten wussten nicht mehr, was mit ihnen passiert war. Sie konnten es gar nicht mehr wissen, weil ihr Bewusstsein es eliminiert hatte. Es muss ein zu schlechter Inhalt gewesen sein, den unser Geist nicht hätte verarbeiten können. Das darf man den Klienten nicht übel nehmen. Das ist keine Absicht, sondern lediglich ein Schutzmechanismus unserer Kognition. Das Unterbewusstsein jedoch weiß immer noch, was passiert war, das Unterbewusstsein vergisst nie. Es ist in einem stetigen Lernprozess und speichert jeden einzelnen Inhalt ab. Durch meine Therapie konnten diese vergessenen Inhalte oft wiedergefunden und damit verarbeitet werden.

Oftmals schaue ich meinen Klienten tief in die Augen und erkenne das Problem bereits, bevor es der Klient ausspricht. Die Menschen sagen von mir, das sei meine Gabe – die Diagnose förmlich aus deren Gedanken lesen zu können. Wenn ich mir in einer Annahme sicher bin – beispielsweise in der, dass meine Klientin jahrelang missbraucht wurde –, so versuche ich, meine Vermutung dezent anzubringen, indem ich meine Klientin mithilfe von Fragen sanft dort hinbringe, wo ich den Schwerpunkt der Problematik sehe. Es braucht Mut, Selbstverstrauen und Sicherheit in sich selbst und die eigenen Fähigkeiten.

Celine meldete sich einige Wochen später mit einer persönlichen Karte bei mir. Sie schrieb, dass sie endlich wieder schlafen könne. Dass sie von ihrer Vorgesetzten großes Lob erhielt und sich sogar schon mit einem Mann verabredet habe. Sie könne wieder normal auf männliche Kunden zugehen und ihr ganzes Leben sei einfach wieder sinnvoll. Sie sei so glücklich, wie sie es, seit sie den Halt ihrer Mutter durch deren Tod verloren hat, nie mehr war.

»Danke, dass du mir mein Leben zurückgegeben hast.«

Diese Worte sind der Grund dafür, weshalb ich weiß, dass es richtig ist, meine Berufung zu leben. Und es ist meine Motivation, den Menschen zu zeigen, dass wir uns alle entwickeln können, wenn wir es wollen, daran glauben und in uns Vertrauen finden.

Helles Sehen

Sobald die Worte »hell« und »sehen« fallen, werden viele Menschen skeptisch. Weil sie das Gefühl haben, dass die entsprechende Person, die angeblich hellsehen kann, in die Zukunft blicken könnte. Oder dass sie anderen aus der Hand lese. Doch meine Definition von Hellsehen ist eine völlig andere. Ich beispielsweise kann heller sehen als andere. Aber auch nur auf meinem Gebiet. Ich kann Gefühle und Gedanken früher und schneller erkennen als andere. Das heißt, dass ich versuche, von meinem Gegenüber so viel wahrzunehmen wie nur möglich. Bei anderen Menschen ist das Bewusstsein bereits bei sieben bis zwölf Bit an Informationen ausgelastet. Bei mir vielleicht auch. Vielleicht habe ich jedoch auch ein höheres Auslastungsniveau. Sprich, dass mein Bewusstsein mehr Informationen aufnehmen kann, bis es ausgelastet ist. Egal ob nun so oder nicht. Ich versuche, möglichst viele Wahrnehmungen bewusst aufzunehmen. Natürlich kann man niemals alle bewusst wahrnehmen. Der Mensch hat nun mal eine beschränkte Sinneswahrnehmung. Wenn wir mit unserem Blick etwas fokussieren, so nehmen wir das bewusst wahr. Die meisten der anderen visuellen Einflüsse, die neben dem Fokus entstehen, können dann nicht mehr bewusst wahrgenommen werden.

Wenn mir mein Gegenüber in die Augen sieht, so sehe ich ihm ebenfalls in die Augen. Da wir ja zumeist nach wenigen Sekunden wieder wegsehen, ein fixierender Augenkontakt kann für den anderen entweder bedrohend oder zu intim wirken, können wir diese Sekunden zu unseren Gunsten verwenden und versuchen, das Gegenüber so intensiv wie möglich bewusst wahrzunehmen. Ich schaue meinem Gegenüber also nicht nur in die Augen – das auch –, aber ebenso auf die Hände, die Kleidung, den Mund. Ich erkenne schnell anhand der kleinen Rötung der Augenbrauen, ob diese heute Morgen gezupft wurden. Ich sehe, ob die Dame heute Morgen ihre Fingernägel lackiert hat oder nicht. Ich bemerke Nägelbeißer. Ich erkenne Männer, die es nicht gewohnt sind, sich in einen Anzug zu kleiden. Das sehe ich beispielsweise oft an den Schuhen. Solche Männer wissen meist nicht, wie man mit Lackschuhen richtig umgehen muss. Ich erkenne, ob eine Dame versucht, mit gezielten Farben ihre Problemzonen zu vertuschen. Wenn wir möchten, so könnten wir einiges mehr wahrnehmen, als wir es in der Tat tun. Eben heller sehen als andere.

Wir Menschen sind es gewohnt, täglich unsere E-Mails zu lesen, uns im Auto auf den Straßenverkehr zu konzentrieren, uns zu ernähren und uns in jeglicher Hinsicht glücklich zu machen. Menschen, die an ihr Limit kommen, erleiden schnell mal ein Burn-out oder rutschen in Depressionen ab. Doch was ist, wenn wir unsere bewusste Auslastung trainieren könnten? Was, wenn wir uns aneignen könnten, mehr wahrzunehmen als der Normalmensch? Dafür brauchen wir lediglich eines zu tun: Wir müssen uns bewusst sagen, ab jetzt versuchen wir, heller zu sehen; sprich, mehr wahrzunehmen als andere.

Schnell werden wir erkennen, wie viel uns unser Gegenüber eigentlich mitteilt, ohne dass sie oder er das überhaupt weiß. Oftmals sind sie dann erstaunt, wenn man ihnen sagt: »Es ist 20:00 Uhr – solltest du nicht deinen Freund anrufen?« Darauf antwortete die junge Dame, die ich gerade traf: »Woher weißt du, dass ich einen Freund habe?« – »Ganz einfach. Du trägst einen Ring an deiner Hand. Aber nicht an deiner linken Hand, sondern an der rechten. Oftmals trägt man Freundschaftsringe an der rechten. Du trägst den Ring an deinem Ringfinger. Der Ring ist zu massiv für einen Verlobungsring und zu elegant für einen plumpen Freundschaftsring deiner Kollegin. Folglich hast du einen Freund, aber noch nicht lange. Ich schätze maximal ein halbes Jahr. Vielleicht sogar etwas weniger, denn wenn ihr schon ein halbes Jahr zusammen wärt, hätte sich dein Freund für dich einen eleganteren Ring ausgesucht. Da du, als derart zartes Mädchen, dir niemals selbst einen Ring kaufen würdest, der so massiv ist, erscheint es mir logisch, dass dein Freund dir eine Überraschung machen wollte und dir den Ring heimlich gekauft und dann geschenkt hat. Er kennt dich noch zu wenig, um erkennen zu können, dass du nur ganz dünne Ringe magst. Du trägst auch keine Halskette, nur in deinem rechten Ohr diesen kleinen Schmuck. Folglich hast du kein Flair für Schmuck und trägst ihn nur, damit du nicht ganz schmucklos bist oder weil dir dieser eine Ohrschmuck geschenkt wurde und dir von Bedeutung ist. Das ist bei dir eher ein sozialgesellschaftlicher Wert. Folglich muss dein Freund dir diesen

Ring ungefähr nach dem vierten Beziehungsmonat geschenkt haben. Dazu kommt, dass du ungefähr alle fünf Minuten auf dein Handy schaust. Du wartest scheinbar auf eine Nachricht. Oder du siehst nach, ob jemand versucht hat, dich zu erreichen. Ich denke, dass du deinem Freund eine Nachricht schicken willst oder ihn vielleicht anrufen solltest.« Hundert Punkte.

Möchtest du also etwas aus deinen Kapazitäten zum Hellsehen machen, so genügt es nicht, nur die Inhalte wahrzunehmen, du musst auch lernen, diese zu kombinieren. Versuche, überall, wo nur möglich, Verknüpfungen zu finden. Versuche, eine These aufzustellen und im Anschluss diese These zu bestätigen.

Oftmals urteilen wir über Menschen oder stecken sie in Schubladen, ohne dass wir diese Schubladisierung überhaupt überprüft haben. Wenn man schon Menschen in Schubladen stecken will, dann sollte man wenigstens vorher genau überprüfen, ob sie wirklich in genau diese gehören. Ich persönlich stecke niemanden irgendwo hinein. Bei mir ist jeder Mensch individuell. Oftmals erkenne ich in einem Menschen eine Vielzahl von Schubladen, die beispielsweise überschrieben sind mit »Angst«, »Egoismus«, »Narzissmus« oder »Selbstzweifel«. Ein Individuum ist an sich zu komplex, um es nur einer Eigenschaft zuzuordnen.

Wenn du also nach dem Kombinieren eine These aufstellst, dann versuche, diese These zu bestätigen. Beispielsweise hatte ich oben die These, dass meine Gesprächspartnerin ihren Freund anrufen sollte. Nun könnte ich durch diskrete Fragen versuchen, sie mir bestätigen zu lassen. Anfangen könnte ich mit Fragen wie: »Du wirkst so glücklich!«

Noch diskreter gehst du vor, wenn du dein Gegenüber hinsichtlich deiner These einfach weiter genau beobachtest und versuchst, noch hellsichtiger zu sein. Aufgrund meiner obigen These könnte ich beispielsweise ihren Blick beobachten und darauf achten, wie vielen Männern sie mit ihrem Blick wie viel Zeit widmet. Wenn sie bereits länger vergeben ist, könnte sogar der Fall eingetreten sein, dass sie bereits wieder Ausschau hält. Wenn sie jedoch frisch verliebt ist, so wird sie keine Ausschau halten. Es sei denn, die Beziehung mit ihrem Freund bedeutet ihr nicht viel. Wäre dies jedoch der Fall, so würde sie den Ring, kaum ist sie allein, wohl ausziehen, und sich eventuell offensiver verhalten.

Im obigen Fall – der übrigens wirklich so vorgefallen ist – hatte ich beobachtet, dass die junge Dame, die ich über einen Freund von mir kennengelernt hatte und erst seit wenigen Minuten kannte, sich sehr introvertiert verhielt. Sie hielt keine Ausschau. Und scheinbar bedeutete ihr der Ring einiges, sodass sie ihn, trotz ihres fehlenden Flairs für Schmuck, den ganzen Abend über trug. Ich brauchte nur paar wenige Male auf ihre Pupille zu achten und zu beobachten, wohin sie blickte.

Den Blick allein zu beobachten ist eines. Doch noch spannender wird es, wenn wir versuchen, die Pupille des Gegenübers zu beobachten. Dadurch erkennt man anhand der kleinsten Nuancen, wohin mein Gegenüber gerade genau sieht. Anhand dessen erkenne ich, ob es einem anderen Menschen aufs Haar gesehen hat oder auf den Hintern. Ob der andere scheinbar ein Flair für das blonde Haar der Dame vor uns hat oder ob er sich am Hintern der Dame visuell amüsiert. Wenn sich die Pupille erweitert, so hat die Person eine Begierde. Auch das ist evolutionsbedingt. Wenn wir etwas begehren, wollen wir mehr davon haben; sprich, unser Auge will mehr Licht wahrnehmen, folglich erweitert sich die Pupille. Deswegen ist das Tragen von Sonnenbrillen bei Pokerspielen auch offiziell erlaubt, da sich meine Pupille sofort erweitern würde, sobald ich ein gutes Blatt hätte.

Meine hellsichtigen Fähigkeiten nutze ich oft im Rahmen meiner Therapiesitzungen. Wenn mein Gegenüber sich vis-à-vis von mir hinsetzt, so habe ich bereits einige Thesen über ihn aufgestellt, die ich anschließend versuche zu belegen. Ich erkenne, ob jemand Kinder zu Hause hat und wie viele es sind. Natürlich nicht immer. Aber oft genug. Ich sehe die Vergangenheit meines Klienten und zugleich die entstandenen Sorgen, Ängste und Muster.

Wenn ich meinem Klient zeigen kann, dass ich versuche, sie oder ihn als Ganzes wahrzunehmen. Dass ich versuche, sie oder ihn zu sehen und zu erkennen, so führe ich dadurch ein erheblich höheres Vertrauensverhältnis herbei als andere Therapeuten, die eben nicht hellsichtig, sondern dunkelsichtig sind und nur das sehen, was sie sehen wollen.

Die Schulung des hellen Sehens kann den einen oder anderen individuell und zwischenmenschlich erheblich weiterbringen.

Mentaler Tipp: Helles Sehen

> 1. Versuche, mehr wahrzunehmen als bislang. Schöpfe dein Bewusstsein hinsichtlich der Wahrnehmung voll aus. Versuche, hell zu sehen. Nimm so viel wie möglich von deinem Gegenüber wahr.
> 2. Kombiniere alle möglichen Formen miteinander, sodass sie Sinn ergeben.
> 3. Erstelle eine These und versuche, diese These zu bestätigen, indem du gegebenenfalls entsprechende, diskrete Fragen stellst.
> 4. Lass dir deine These bestätigen. Sei es durch direkte oder indirekt-diskrete Fragen oder durch gezielte Hellsichtigkeit.
> 5. Genieße den Fakt, dass du nun um eine Erkenntnis reicher bist.

Ziel: Reicher an Erkenntnissen werden.

Lügen und Geheimnisse

Wir lügen ständig. Und wir wissen, dass wir lügen. Denn Lügen haben einen Sinn. Sie bewahren uns vor sozialen Komplikationen. Sie erleichtern uns das Leben und zugleich das unserer Mitmenschen. Wenn wir auf die Frage, wie es uns geht, mit »gut, danke« antworten, obschon es nicht so ist, dann tun wir das meist, um das Gespräch zu erleichtern. Weil wir vielleicht kein Mitleid wollen. Oder weil wir einfach gerade nicht über den schlechten Tag reden möchten. Meist lügen wir auch, weil wir anderen mit der Wahrheit nicht wehtun wollen. Würden wir ständig nur die Wahrheit sagen, so würde die Welt nur noch aus Konflikten bestehen. Lügen erhalten unsere soziale Welt aufrecht.

Dennoch appelliere ich in meinen Vorträgen, Speaches und Seminaren immer an die Ehrlichkeit. Leider meinen es viele zu gut mit den Lügen, finden kein angemessenes Maß mehr und gelangen damit aus dem Ruder. Solche Menschen lügen dann mehr, als ihnen oder ihren Mitmenschen lieb ist.

Wir wissen ja nun, dass wir bewusst nur eine begrenzte Wahrnehmungskapazität haben. Es kann sehr wohl möglich sein, dass die Lügen meines Gegenübers für alle Beteiligten Sinn ergeben. Dennoch hat mein Gegenüber etwas zu befürchten. Nämlich die immense Kraft unseres Unterbewusstseins. Sein Unterbewusstsein wird ihn verraten, weil mein Unterbewusstsein seine Lügen entlarvt. Doch wie funktioniert das? Ganz einfach: Wir kommunizieren mehr, als uns lieb ist, und das zum größten Teil unterbewusst. Wenn wir lügen, so verraten uns unter anderem die ideomotorischen Signale. Diese Signale, die direkt aus unserem Unterbewusstsein kommen, verraten uns oft durch unsere nonverbale Kommunikation.

Zum Beispiel, wenn die Hand oder der Finger einen Inhalt, der den Mund nicht verlassen sollte, daran hindern will, ihn auszusprechen, indem die Hand oder der Finger den Mund verdecken.

Ebenso auffällig sind beispielsweise einseitige Bewegungen und andere überflüssige Handlungen. Solche Handlungen treten auf, weil unser Unterbewusstsein unter immensem Druck steht. Es weiß, dass wir gerade lügen. Es besteht die Angst, dass wir dabei ertappt werden könnten. Unser Unterbewusstsein fürchtet, dass wir nicht überzeugend genug wirken. Oftmals versuchen wir deshalb, unsere Pausen, die völlig natürlich im Laufe einer Erzählung vorkommen, mit überflüssigen Reaktionen zu füllen.

Aus Angst davor, dass wir von unserem Gegenüber ertappt werden könnten, trauen wir uns meist auch nicht, den Blick unseres Gesprächspartners zu fixieren; sprich, wir schweifen mit unserem Blick ab. Ein fixierter Blick kann genauso ein Flirten wie auch eine Bedrohung für unser Unterbewusstsein darstellen. Aus Angst davor, aufzufallen und unserer potenziellen Bedrohung in die Augen zu sehen, beginnen wir, mit den Augen an den Augen unseres Gegenübers vorbeizuschweifen, wenn wir lügen. Manche Menschen fixieren ihren Blick aber auch beim Lügen. Sie fallen beinahe in eine Art Schockstarre und wollen durch keinerlei überflüssige Handlungen auffallen. Sie haben zumeist Angst davor, sich gerade durch die überflüssigen Handlungen zu verraten. Deshalb werden sie ganz starr, insbesondere im Blick.

Wir versuchen zumeist beim Lügen authentischer zu wirken, indem wir lächeln. Nur ist dieses Lächeln leider eben nicht authentisch. Das erkennt man daran, dass beispielsweise die Augen nicht mitlachen. Denn bei einem richtig authentischen Lachen heben sich beide Mundwinkel, die Wangen und auch die Augen lachen mit. Wenn nur Teile davon lachen, dann erkennen wir meist ganz schnell, dass es sich um ein falsches Lachen handelt. Das Lächeln füllt hier nur die visuelle und zeitliche Leere, die im Rahmen einer Lüge entstehen kann. Diese Leere kommt uns beim Lügen unglaublich lange vor. Eine Sekunde wird für uns zu einer Minute. Und eine Minute fühlt sich an wie eine Stunde. Deshalb will unser Unterbewusstsein diese schreckliche Leere mit irgendetwas füllen.

Oft verändert sich beim Lügen auch die Intonation wie die Tonlage. Es gibt Thesen, die besagen, dass wir lauter und höher sprechen, wenn wir lügen, weil wir von uns selbst enttäuscht sind und wütend auf uns selbst werden, dass wir lügen. Aus Wut reden wir dann höher und lauter. Wir wollen außerdem auch noch überzeugender wirken.

Es gibt jedoch einige, die sprechen eher leiser und hemmender, wenn sie lügen. Ursache dafür könnte sein, dass wir uns unterbewusst für unsere Lügen schämen und uns deshalb nicht getrauen, diese Lügen so überzeugend auszusprechen.

Viele verändern auch ihre Sprachhygiene im Rahmen einer Lüge. Das heißt, sie versuchen, verbal möglichst rein zu bleiben, damit sie sich nicht durch irgendwelche unnötigen Worte, Töne und Laute wie beispielsweise »ehm« oder »äh« verraten oder unglaubwürdig machen. Diese Lügner versuchen also, beim Lügen verbal ganz rein zu sein. Das sind dann meist dieselben, die auch versuchen, nonverbal rein zu sein. Meist verfallen sie in eine Art physische Starre und versuchen, sich durch keinerlei überflüssige Handlungen zu verraten.

Außerdem gibt es die These des Augensuchmusters. Sie besagt, dass nur bestimmte Hemisphären und Gehirnregionen aktiv sein können, wenn wir mit unseren Augen in bestimmte Richtungen schauen. Diese These kommt aus dem NLP, dem Neurolinguistischen Programmieren. Hier geht man primär von sechs Sichtfeldern aus, sprich von sechs visuellen Richtungen, in die wir mit unseren Augen sehen können. Angeblich sollen wir uns verraten, wenn wir beispielsweise nach rechts oben schauen, weil wir rechts oben Gedankeninhalte visuell konstruieren. Dieses Schema soll bei der Mehrheit aller Menschen funktionieren. Ich persönlich bin davon nicht besonders überzeugt, da der Prozess einer Lüge höchst komplex ist und nicht einfach in sechs Sichtfelder aufgeteilt werden kann. Wenn wir lügen, so beinhaltet diese Lüge selten bis nie die reine Unwahrheit. Meist verknüpfen wir wahre Inhalte mit erfundenen. Das macht das Ganze viel komplizierter.

Der wohl entscheidendste Punkt beim Lügen ist für mich persönlich nur einer: die Authentizität. Denn nicht nur der Lügner hat ein Unterbewusstsein, das ihn verrät. Auch der Empfänger, des Lügners Gegenüber, hat eins. Und dieses ist gleichzustellen mit dem Bauchgefühl. Der Bauch ist der Teil unseres geistigen Gefühls, der nicht rational, sondern emotional entscheidet. Er hat wenige bis keine Begründungen für seine Entscheidungen, aber ein Gefühl. Eben das Bauchgefühl. Unser Unterbewusstsein ist für mich gleichzustellen mit unserem Bauchgefühl. Denn auch dieses kann nicht rational bewerten. Es nimmt alle Inhalte und Wahrnehmungen auf, die unser Bewusstsein aufnimmt, und zugleich noch die, die unser Bewusstsein aufgrund seiner beschränkten Wahrnehmung nicht mehr aufnehmen kann. Es kann also sehr wohl möglich sein, dass wir dem Lügner zwar die Lüge verbal wie sinngemäß abkaufen, aber dennoch ein komisches Gefühl bei der ganzen Sache haben. Das ist ganz einfach zu begründen: Unser Unterbewusstsein – unser Bauch – hat rein unterbewusst das unauthentische Lachen wahrgenommen wie auch den schweifenden Blick. Es steht nun im Widerstreit mit dem rationalen Bewusstsein, das dem Lügner glaubt, weil die erlogene Geschichte irgendwie vernünftig klingt. Doch das Unterbewusstsein lässt sich von den merkwürdigen ideomotorischen Signalen nicht täuschen und erkennt, dass der Lügner bei der Erzählung nicht authentisch war. Folglich sagt der Kopf Ja und der Bauch Nein.

Daher kann ich dir nur erneut ins Bewusstsein rufen, dass unser Unterbewusstsein über neunzig Prozent unseres Geistes ausmacht und wir viel mehr auf unseren Bauch hören sollten. Der ist zwar nicht rationalen Ursprungs, dennoch täuscht und vor allem enttäuscht er uns nie. Dein Bauch wird selber erkennen, ob nun eine auf einmal lautere, höhere Stimme zu dem bislang introvertierten, scheuen Typen passt oder nicht. Oder ob eine auf einmal schamhafte, ruhige und leise Stimme zu dieser sonst derart offenen, extrovertierten Dame. Dein Bauch wird mit dir reden. Du brauchst ihm nur zuzuhören.

Und wer versucht, möglichst ehrlich zu sein und möglichst wenig zu lügen, der fährt sowieso am besten, weil er bedenkenlos authentisch sein kann. Weil er sich keine Sorgen machen muss, ob man seine Lügen entlarven wird oder nicht. Und weil man zugleich seinem Gegenüber einen Gefallen tut – denn auf diese Weise kann ein gutes Vertrauensverhältnis hergestellt werden.

Ich persönlich verstehe, dass wir Menschen nicht immer ganz ehrlich sein können. Für mich ist nicht entscheidend, wie gut man mich nun belügt oder nicht. Für mich ist nur entscheidend, weshalb man mich belügt. Weshalb muss man lügen, wenn kein Anlass dafür vorhanden ist?

Es gibt in der Tat notorische Lügner, die sich durch ihre Lügen einen gewissen kognitiven Vorsprung verschaffen wollen oder förmlich schon krankhaft lügen müssen. Diese Lügner erzählen dir auch: »Ich hatte ein Schinkensandwich«, obwohl es ein Salamisandwich war. Bewusst. Weil sie dich belügen wollen. Derartiges Verhalten kann und will ich nicht verstehen. Ich kann diesen Lügnern zeigen, wie man sich auf andere Weise ein ähnlich gutes Gefühl suggerieren kann, ohne dass man andere Menschen grundlos belügen muss.

Oftmals erkenne ich die Lügen sehr früh. Ich erkenne auch viele Geheimnisse früh. Schon als kleiner Junge verstand ich nie, weshalb wir Menschen lügen müssen – und auch da hatte ich schon mein Wissen über Lügen und Geheimnisse. Doch heute weiß ich auch, wie ich damit umgehe. Ich persönlich nehme grundlose Lügen oder Geheimnisse, die ich nicht kennen sollte, nur zur Kenntnis. Ich werfe es meinem Gegenüber nicht vor, dass ich dies nun über ihn weiß. Es dient mir meist dazu, sein Ganzes zu sehen und zu erkennen. Seine Seele, seine Psyche, seine Geschichte zu sehen. Aber das Fass kann auch irgendwann einmal aufgrund der kleinsten Lüge überlaufen.

Versuche, dein Gegenüber vermehrt bewusst wahrzunehmen. Es zu sehen und Lügen zu erkennen. Vertraue auf deinen Bauch und bleibe authentisch. Denn das ist die Grundlage für weiteres Vertrauen und tieferen Kontakt.

Mentaler Tipp: Lügen erkennen

Blick
– *schweifend (Angst vor Augenkontakt)*
– *starr (Angst vor auffälligen Handlungen)*
– *Augensuchmuster*

Sprache
– *lautere, höhere Stimme (Enttäuschung)*
– *leisere, ruhigere Stimme (Scham)*
– *Sprachhygiene (Angst vor verräterischen verbalen Zeichen)*

Nonverbales
– *überflüssige Handlungen (Lückenfüller)*
– *Schockstarre (Angst vor verräterischen Gesten)*
– *Unauthentisches Lachen (Lückenfüller)*
– *Finger/Hand vor Mund*

Ziel: Lügen bewusster erkennen und lernen, damit umzugehen.

Der Glaube

Nichts sorgt für mehr Unruhen als unsere unterschiedlichen Glaubensansichten. Wir alle haben das Bedürfnis, unseren Glauben zu verteidigen, ihn nach außen hin zu vertreten und zu verbreiten. Vom Glauben an einen Gott bis hin zum Glauben an ein Jüngstes Gericht über den Glauben an Engel, an Naturwissenschaften oder an Spiritualität. Oftmals werden Menschen aufgrund ihrer Ansichten verurteilt. Manche Glaubensansichten werden öffentlich debattiert, andere indirekt diskriminiert. Früher war gläubig zu sein die Prämisse. Heute scheint es fast, als würden gläubige Menschen von der Öffentlichkeit abgewertet. Spielt es überhaupt eine Rolle, ob ich nun an einen Gott glaube oder an Maria oder Jesus Christus? Spielt es eine Rolle, ob ich an Engel, an ein Leben nach dem Tod oder an Menschen mit übersinnlichen Fähigkeiten glaube? Sind Ungläubige auch Gläubige, weil sie ebenfalls einen Glauben haben, eben den Glauben an nichts?

Letztendlich gehört der Glaube zu genau der Person, die ihn hat. Der Glaube betrifft mich erst dann, wenn ich das Leben anderer Menschen mit meinem Glaubensansatz positiv oder negativ beeinflussen will.

Wer sich von mir heilen lassen möchte, der soll nicht nur – nein –, der muss an die Kraft der Hypnose glauben. Nicht weil ich damit einen Placeboeffekt bewirken möchte, nein, weil der Glaube die Voraussetzung dafür ist, dass mein Klient nicht nur seinen Willen, sondern auch seine Vorstellung dorthin bringt, wo ich sie haben muss, damit auf einer entscheidenden Vertrauensbasis gearbeitet werden kann.

Der Glaube kann Berge versetzen. Immer wieder berichten Ärzte von unheilbar kranken Patienten, die auf einmal geheilt sind. Ich hörte von Heilern, die Unheilbare heilen konnten, und von Menschen, die sich selbst heilten. Die wussten, dass sie genug Energie vereinen, um sich selbst damit heilen zu können.

Wenn ich meine Therapiesitzungen durchführe, so bin ich danach unheimlich ausgelaugt. So als hätte man mir all meine Energie aus dem Kopf gesaugt. Tatsächlich geschieht genau das: Ich verwende meine vorhandene Energie, um anderen Menschen zu helfen. Was ist Energie? Joules? Kalorien? Strahlung? Wärme? Physiker sind sich einig: Energien kann man weder produzieren noch verlieren. Man kann sie lediglich umwandeln. Verwenden wir also Erdöl, um unsere Heizung anzutreiben, so vergessen wir zumeist, dass diese Energie schon vor Abertausenden bis Millionen von Jahren bestand und sich als Erdöl angeballt hat. So wird, was vielleicht früher einmal Fossilien und Meeresorganismen waren, heute verwendet, um uns Wärme zu geben. Die im Erdöl enthaltene Energie wird freigegeben und es entsteht Wärme. Diese Energie hat sich umgewandelt, unter anderem in Wärme. So haben auch wir unsere Energien in uns.

Erstaunlich, dass aus einem ehemals von einem harmlosen Spermium befruchteten Ei binnen weniger Jahre ein

Mensch wird, der die Welt verändern kann. Wir können also Energie aufnehmen und auch wieder abgeben. Wir können aber keine neue Energie produzieren.

Ich habe das Glück, dass ich meine Energie im therapeutischen Rahmen abgeben kann. Andere können ihre beispielsweise beim Schreiben von Prüfungen oder bei der Arbeit abgeben. Auch das verdient großen Respekt. Doch was geschieht eigentlich, wenn sich unser Leben dem Ende zuneigt? Was passiert mit all dieser Energie, wenn wir von dieser Welt gehen müssen? Klar ist, dass sie nicht im Körper bleibt – denn der Geist ist scheinbar ja nicht mehr vorhanden. Wo geht denn all diese Energie hin? Und schon stellt sich wieder die Frage: Wandelt sich diese Energie ins Jenseits? Gibt es ein Leben nach dem Tod? Gibt es ein Jüngstes Gericht? Muss ich ganz artig und frei von Sünden sein, damit ich von Gott erlöst werde? Egal ob wir dieses Gedankenexperiment nun wissenschaftlich oder philosophisch betrachten – seit es die Menschheit gibt, rätselt man über diese Frage. Und alle scheinen sich an einem Punkt einig zu sein: Die Energie weicht aus unserem Körper. Doch wohin?

Wer einen Menschen verloren hat, wer bereits vom Schicksal getroffen wurde, wer sein Leben in den Griff bekommen musste, der hört meist spätestens dann auf, ungläubig zu sein. Auch ich habe meinen Vater verloren und wünsche mir so sehr, ihn irgendwann wiederzusehen. Mein Körper füllt sich mit negativen Emotionen, wenn ich von Menschen höre, deren schlimmstes Erlebnis ein Bienenstich im linken Daumen während ihrer Kindergartenzeit war, und dann mitbekomme, wie sie sich lustig machen über die Annahme eines Lebens nach dem Tod. Über Gott, über die Annahme einer Macht.

Es gibt eben Menschen, die andere verloren haben, die vom Schicksal getroffen wurden. Viele, die kein sorgloses Leben hatten, auch wenn sie alles dafür gegeben hätten, damit sich das ändert. Menschen, die in eine Welt hineingeboren wurden, die nicht von Anfang an einfach war, die einen Halt brauchen, einen Glauben. Die eine Überzeugung haben, die für sie sinnvoll ist. Denn jeder Glaube hat seinen Sinn.

Was ich damit sagen will, ist – es ist unangebracht, den Glauben eines Menschen zu bewerten, denn genauso wie der Junge nichts dafür kann, dass er in ein sorgloses Leben hineingeboren wurde, kann auch die ältere Dame nichts dafür, dass sie ein Leben voller Schicksalsschläge durchgehen musste. Jeder Glaubensansatz hat seine Geschichte, hat seine Gründe und hat seinen Sinn. Erst wenn man dasselbe erlebt hat wie der andere, über dessen Glauben man richtet, kann man bewerten, wie ernst der Glaube dann wirklich ist.

Meine Fähigkeiten und Erfahrungen zeigten mir, wie relativ unsere Welt ist. Dass der Glaube Trost schenkt, aber auch Kriege auslösen kann. Für mich ist alles, was keine exakte Wissenschaft ist, sehr relativ – selbst wenn es dazu eine angeblich signifikante Studie gibt. Mal ganz ehrlich: Welche Studie kann man nicht widerlegen respektive widerlegt sich nach Jahren selbst. Sei es in der Psychologie, der Pädagogik oder gar in der Medizin. Jede Wissenschaft entwickelt sich weiter und scheint heute auf dem jeweils kompetentesten Level zu stehen. Dennoch wundern wir uns, welche Therapien,

Medikamente und pädagogischen Annahmen früher als richtig bewertet wurden. Selbst exakte Wissenschaften scheinen auf den zweiten Blick doch nicht so exakt.

Ich hatte einmal einen Wissenschaftler bei mir im Büro, der mit mir über paranormale Fähigkeiten reden wollte. Er war dozierender Professor an der Fakultät für Quantenphysik. Eine Wissenschaft, die eigentlich nicht exakter sein könnte. Er hatte ein Pendel dabei und erklärte mir, dass er dieses Pendel oft verwenden würde. Er könne damit Wasseradern oder auch andere versteckte Materien finden. Ich fragte ihn: »Wie erklären Sie sich das?« Er blickte mir tief in die Augen, beugte sich über den Tisch und meinte in einem überzeugenden Ton: »Jede Materie schwingt. Und jedes Objekt hat seine Eigenfrequenz. Wenn ich nun also mit der Schwingung eines Pendels kongruent mit der Schwingung des Objektes werden kann, so schwingt das Pendel über dem entsprechenden Objekt stärker.«

»Spannend. Ich weiß auch, dass wir alle aus Strahlung bestehen. Dennoch bin ich nicht so der Strahlen-, Wellen- und Schwingungentyp. Ich erkläre Ihnen mal, was genau geschieht. Wenn wir ein Pendel zwischen Daumen und Zeigefinger festhalten, so sollte es relativ ruhig nach unten hängen. Einverstanden? Wenn ich mir nun aber vorstelle, dass das Pendel eine Kreisbewegung macht und zwar im Uhrzeigersinn, so fängt das Pendel auf einmal wirklich an zu schwingen. Es macht immer genau das, was Sie sich vorstellen. Weshalb tut es das? Sie sind doch Physiker? Sie kennen das Hebelgesetz. Und Sie wissen, dass eine Kraft über eine Distanz verstärkt werden kann. Energie entspricht Kraft multipliziert mit dem Weg. Wenn ich mir nun also vorstelle, wie sich das Pendel im Uhrzeigersinn bewegt, so habe ich diese entsprechende Vorstellung. Mein Unterbewusstsein weiß, was das Ziel ist. Und jede bildhafte Vorstellung versucht, sich unwillkürlich zu verwirklichen. Das ist ein altes Gesetz von Émile Coué. Er war Apotheker und initiierte sozusagen den Placeboeffekt. Unser Unterbewusstsein versucht also, jede Vorstellung zu verwirklichen. Wenn ich mir am Abend, bevor ich schlafen gehe, einrede, ich hätte Fieber, so werde ich garantiert am darauffolgenden Morgen mit Fieber aufwachen. Dafür verantwortlich ist nur eine Instanz: Ihr Unterbewusstsein. Wenn Sie nun also, das Pendel zwischen Daumen und Zeigefinger haltend, die implizierte Vorstellung einer kreisförmigen Bewegung haben, so wird Ihr Unterbewusstsein entsprechende Signale aussenden, sodass diese Vorstellung auch wirklich eintritt. Diese Signale aus dem Unterbewusstsein, die mit dem Bewusstsein nichts zu tun haben, nennen wir ideomotorische Signale. Wir finden sie oft auch in verräterischer Körpersprache. Auf das Pendel bezogen, wird Ihr Unterbewusstsein dafür sorgen, dass minimalste Muskelkontraktionen zwischen Daumen und Zeigefinger, aber auch in anderen Körperpartien, das Pendel so zum Schwingen bringen, wie Sie es sich vorstellen.«

Der mir gegenübersitzende Professor und Wissenschaftler lehnte sich während meiner Erklärung zurück. Seine Lebenserfahrung war mit meiner nicht zu vergleichen, er stand kurz vor der Pensionierung. Ich hatte hohe Achtung vor ihm. Er meinte dann: »Wissen Sie, Herr Palacios, Ihre Theorie gefällt mir sehr. Und sie leuchtet mir auch ein. Aber demnach hieße es ja, dass lediglich mein Unterbewusstsein weiß, wo die Wasseradern fließen, und das Pendel nur die Antwort meines Unterbewusstseins ist. Doch da stellt sich mir die Frage, woher weiß mein Unterbewusstsein das? Und jetzt, wenn wir schon dabei sind, erzähle ich Ihnen eine kurze Geschichte: Als ich mit rund fünfundzwanzig Jahren im Labor arbeitete, kam einmal relativ unerwartet mein Chef zur Tür herein. Ich war höchst konzentriert bei der Arbeit. Er wies mich auf eine weitere kleine Aufgabe hin, woraufhin ich über meine Schulter zu ihm zur Tür blickte und auf einmal für wenige Sekunden innehalten musste. Denn der Kopf meines Chefs war komplett blau, blau wie ein Schlumpf. Zuerst dachte ich, das wäre Absicht. Ich dachte, er wäre entsprechend geschminkt. Ich legte meine Materialien hin und näherte mich ihm. Und je näher ich ihm kam, desto mehr verschwand die blaue Farbe aus seinem Gesicht. Ich traute mich nicht, ihn darauf anzusprechen, da ich befürchtete, dass er mich für komplett verrückt erklären würde. Dasselbe geschah mir ein weiteres Mal wenige Monate später beim Militär. Und mit etwa achtundvierzig Jahren erneut auf der Straße. Dazumal wusste ich nicht, wie damit umgehen. Doch heute weiß ich, dass ich wohl die Aura dieser Menschen gesehen habe. Was meinen Sie dazu?«

»Das ist schwierig zu bewerten, zumal ich einen Menschen immer als Ganzes wahrnehme. Ich versuche, den Menschen zu sehen und zu erkennen. Dabei bemerke ich keine Farben. Aber natürlich habe ich schon oft davon gehört, dass man eine Aura auf diese Weise sehen kann. Wahrscheinlich sind Sie sehr sensitiv und äußerst empfänglich. Das sollten Sie weiterhin verfolgen.«

Der nette Herr verließ nach rund zwei Stunden intensiven Gesprächs mein Büro. Es war eine tolle Erfahrung. Zu erkennen, dass auch ein Wissenschaftler, der täglich versucht, die Welt mit Theorien und Formeln zu erklären, ebenfalls vom eigenen Glauben nicht abgekommen ist. Denn insbesondere wenn man sich mit der Faszination des Lebens auseinandersetzt und erkennt, wie genial und ausgeklügelt das Leben auf unserem Planeten ist, so denke ich, kommt man ins Grübeln, was es wohl da draußen im großen, weiten All alles noch gibt, was wir noch nicht gesehen haben. Wir blicken Millionen von Lichtjahren hinaus ins All und wissen immer noch nicht, was dort draußen wirklich ist und ob das All eigentlich ein Ende hat. Je mehr man sich mit dieser Materie auseinandersetzt, desto mehr – so stelle ich es mir vor – kann man erkennen, wie winzig der Mensch eigentlich ist und wie genial unser Leben auf diesem Planeten dennoch ist. Niemand bleibt verschont von einer Glaubensansicht. Es ist nicht möglich, nichts zu glauben. Auch Atheismus ist eine Form des Glaubens. Jeder trägt eine Art Glaube in sich, selbst wenn es der Glaube an die Wissenschaft ist. Auch ich bin ein sehr wissenschaftlicher Mensch, doch verknüpfe ich oft eigene Erkenntnisse mit wissenschaftlichen Theorien und versuche auf diese Weise, Neues zu erkennen.

Nicht nur in der Bibel wimmelt es von Engeln, auch unreligiöse und wissenschaftliche Menschen können scheinbar eine spirituelle Ader haben. Genug, sodass man begann, diesen Bereich zu erforschen. Parawissenschaftler untersuchen Übersinnliches, sie versuchen, uns Unerklärbares aus der Sicht der Parawissenschaften zu erklären und zu beschreiben.

Egal ob ich nun an das Alte Testament oder an Geister denke, jeder Glaube hat seinen Ursprung und für den Gläubigen seinen Sinn. So verschmelzen Glauben an Außersinnliches und Wissenschaft.

Ich lasse jeder und jedem seinen Glauben und respektiere diesen in jeglicher Hinsicht. Darum kann ich nicht verstehen, wie hohe religiöse Instanzen, etwa in der christlichen Kirche, muslimische Imame und andere Glaubensinstanzen, über andere Menschen urteilen. Versteht mich nicht falsch – ich bin sehr offen für die Kirche, doch weshalb werden Menschen verurteilt, die dem Rat des Papstes nicht immer folgen, die vielleicht auch mal Präservative verwenden, weil sie den Sex nicht nur zur Fortpflanzung verwenden? Weil es eine HIV-Rate zu verhindern gibt – insbesondere in den Entwicklungsländern? Oder wenn man seine eigene, spirituelle Glaubensansicht hat und andere Menschen von ihren Leiden zu heilen versucht; dazu sagt die Bibel: »*In keinem andern ist das Heil; es ist auch kein anderer Name unter dem Himmel den Menschen gegeben, in welchem wir sollen gerettet werden, als in Jesus Christus!*« (Apg 4,12) Weil Menschen sich für das gleiche Geschlecht interessieren. Dazu meint die Bibel: »*Du sollst bei keinem Mann liegen, wie man bei einer Frau liegt, denn das ist ein Gräuel.*« (3. Mose 18,22) Genauso, wie es falsch von mir wäre, von den medial publizierten, sündigen Einzelfällen der katholischen Priester auf alle Priester und die Kirche zu schließen, ist es falsch von Glaubensinstanzen und dergleichen, uns Menschen in Schubladen zu stecken. Ich respektiere die Meinung der Kirche. Auch ich ging zur Kirche. Ich verbrachte viele Tage in der Kirche. Ich war auf vielen Hochzeiten. Ich spielte ein göttliches Instrument – die Panflöte. Ich spielte sie sehr gerne. Und ich begleitete damit viele kirchliche Zeremonien und Hochzeiten bis in meine frühe Jugend hinein. Ich kann das Vaterunser vor- und rückwärts im Schlaf aufsagen. Und ich respektiere die Kirche – dennoch wünschte ich mir von ihr mehr Kulanz und Offenheit. Der Glaube ist frei. Und jeder ist in seinem Glauben frei. Besonders im Jahr 2012. Ich lasse jedem seinen Glauben. Denn in deinem Glauben findest du Trost und Frieden. Schaffe dir deinen eigenen Glauben, damit du glaubst, was dir und deinem Leben dient, damit du glücklich und erfüllt leben kannst. Egal ob Buddhist, Muslim, Mystiker oder Atheist, jeder hat seinen Glauben.

Denn dein Glaube hat etwas zu erfüllen: deinem Leben Sinn und Trost zu geben.

Dein Glaube, der gehört dir. Dir allein.

Mein Umgang mit Schicksalsschlägen

Die, die mir nahestehen, wissen, dass ich mich stark für die Philosophie interessiere. Ich beneide Philosophen wie René Descartes oder Fernando Savater. Philosophen zeigen uns, aus welchen Blickwinkeln wir das Leben betrachten können. Oftmals meinen wir, dass wir uns von negativen Erlebnissen niederschlagen lassen müssen. Oder dass positive Erlebnisse selbstverständlich sind. Ich wurde schon sehr früh mit einem Schicksalsschlag konfrontiert. Mein Vater ist von uns gegangen. Er ließ uns allein zurück. Wir konnten es nicht rückgängig machen. Es war einfach so. Das Schicksal wollte es scheinbar so. Es gibt Menschen, die begegnen ihm während eines kurzen Lebensabschnittes mehrmals. Und es gibt andere, die hatten noch nie Berührungspunkte mit dem Schicksal. Man darf es nicht werten, da niemand die Schuld dafür trägt.

Doch jedes Erlebnis ist eine Prägung. Sei sie nun gut oder schlecht. Jede Prägung beeinflusst unser Leben. Sie kann sogar unseren Charakter, unsere Persönlichkeit, unseren Wohnort unsere Verhaltensweisen und unsere Berufswahl beeinflussen. Mein Umgang mit Schicksalsschlägen ist ein bewusster. Ich akzeptiere jeden Schicksalsschlag, jede schlechte Nachricht genauso wie jede positive. Ich habe keine Wahl. Ich muss es so annehmen, wie es mich trifft, es sei denn, es besteht die Möglichkeit, die Prägung, noch bevor sie mich trifft, abzulenken oder umzuformen; jedoch ohne dass andere Menschen an meiner Stelle betroffen werden.

Ich sagte mir selbst immer: »Gabriel, du hast zwei Möglichkeiten: Entweder du gehst in die Knie, weinst, schlägst deine Hände vors Gesicht und fragst dich ›Warum ausgerechnet ich?‹ Oder du setzt dich hin, um nachzudenken, scharf nachzudenken, Ruhe zu bewahren, dir Gedanken darüber zu machen, was nun zu tun ist. Bis du dich aufraffst, die Ärmel hochkrempelst, die neue Erfahrung annimmst und deine Vision erfüllst.« Denn wenn ich etwas will – es wirklich will –, so kann mich beinahe nichts aufhalten. Wie bereits Émile Coué sagte: »Jede bildhafte Vorstellung versucht, sich zu verwirklichen.« Und meine Vorstellung, die kann mir keiner nehmen.

Der 1. März

Es war ein Mittwoch. Der Tag schien zu sein wie alle anderen Tage. Aber wir wussten nicht, dass ein einziger Gedanke unser Leben verändern würde. Ein Gedanke, der zum Wort wurde. Und ein Wort, das zur Tat wurde. Eine Tat, die in einer Erinnerung münden wird. Eine Erinnerung, geschaffen aus Gedanken. Und der Kreislauf war geschlossen. Der Kreislauf, der beim Gedanken begann und beim Gedanken endete. Der Gedanke an einen geliebten Menschen. Einen Menschen, der durch einen Gedanken geboren wurde – und der wegen eines Gedankens wieder von dieser Welt ging. Seine Entscheidung fand seinen Ursprung in einem Gedanken, der nur ihm gehörte, ihm allein. Und ich wünsche mir, ich hätte ihm meinen Gedanken schenken können. Doch nun ist es zu spät. Und der Gedanke an ihn ist das Letzte, was mir bleibt.

Alles begann ganz harmlos. Und endete dort, woran wir uns nicht zu denken trauten. Mein Vater, so sagten die Ärzte, war manisch-depressiv. Eine lange Geschichte, eine Geschichte, wie sie das Leben schreibt.

Es war der 1. März. Im August sollte ich in den Kindergarten kommen. Ich war jung und meine Geschwister schauten alle nach mir. Ich hatte und habe immer noch die wohl beste Familie, die man sich vorstellen kann. Alle sind sie herzlich. Alle haben gelernt, einander zu helfen. Wir sind alle sehr sozial. Meine älteren Geschwister halfen mir und meinen jüngeren Geschwistern. Meine Mutter musste hart arbeiten, damit wir möglichst sorglos leben konnten. Unsere Mutter tat alles, damit es uns gut ging. Alles. Was sie tat, ist nicht in Worte zu fassen. Allein darüber könnte man ein eigenes Buch schreiben. Tagelang arbeitete sie unmenschlich lange und anstrengend, um uns Kinder alle ernähren und durchbringen zu können. Insbesondere nach dem 1. März, als alles auf einmal anders wurde.

Mein Vater musste Antidepressiva einnehmen. Noch bis vor wenigen Jahren hatten Antidepressiva nicht nur halluzinogene, sondern sogar suizidale Nebenwirkungen. Man verschrieb also Menschen, die etwas antriebslos waren, einfach Antidepressiva – logisch, dass bei diesen Patienten nach längerem Einfluss halluzinogene und suizidale Nebenwirkungen auftreten konnten, die man gleich in die Psychotherapie miteinfließen ließ. Man erklärte die Patienten für geisteskrank. Es gibt Aberhunderte von Studien von Psychiatern, die Fehldiagnosen machen, von Psychiatrien, die niemanden mehr entlassen. Eine US-amerikanische Studie berichtete von Studenten, die sich im Rahmen eines Forschungsexperimentes in die Psychiatrie einweisen ließen. Ein Experiment. Als sie dann das Experiment auflösen wollten und die Ärzte darüber aufklärten, wollte man sie jedoch nicht mehr entlassen. Man liest von Testklienten, die sich von unterschiedlichen Psychiatern jeweils eine Diagnose erstellen ließen und die Mehrheit der Diagnosen fiel sehr unterschiedlich aus. Genau das ist das Relative: Es ist keine exakte Wissenschaft. Es ist eine Geisteswissenschaft. Und den Geist kann man nun mal nicht so untersuchen wie das chemische Verhalten eines Sauerstoffmoleküls im Wasser. Jeder kann sich mit seinem an der weißen Wand hängenden Stück Papier brüsten und über die Psyche anderer Menschen urteilen, ihnen Medikamente verschreiben und behaupten, sie kennen deren Probleme.

Bis in die Siebzigerjahre hinein wendete man in den westlichen Staaten noch die Lobotomie an. Lobotomie heißt, man zertrenne bestimmte Nervenbahnen zwischen Thalamus und Frontallappen, ohne empirische Befunde dafür zu haben. Bei der ursprünglichen Technik bohrte man zwei Löcher in den Schädel, um anschließend mit einem scharfen Instrument die Nervenbahnen zu zertrennen. Später kam Freemans transorbitale Methode auf. Damit sollte die Operation angeblich weniger als eine Stunde dauern und benötigte im Gegensatz zur ursprünglichen Lobotomie sogar nur einen anwesenden Chirurgen sowie nur noch eine Teilnarkose. Dabei führte man ein eispickelähnliches Werkzeug ins Gehirn ein, und zwar über die Augenhöhle. Dafür hob man das Augenlid an und führte das Werkzeug hinter dem Auge durch den Schädel hindurch ins Gehirn. Der Schädel ist an dieser Stelle sehr dünn, weshalb ein leichter Schlag auf das Werkzeug meist schon genügte, um in das Gehirn einzudringen. Freeman ließ mit dieser Methode die Gehirnsubstanz mit dem so genanten »Eispickel« zerstören. Der Chirurg sollte die Zerstörung der Substanz so lange durchführen, wie er es nach subjektivem Ermessen für richtig hielt. Da der Patient keine Vollnarkose benötigte, konnte er sogar noch während der Behandlung Antworten geben. Man stellte ihm während der Prozedur einfache Denkaufgaben. Freeman vertrat die Ansicht, dass man so lange Gehirnsubstanz zerstören sollte, bis der Patient ernsthafte kognitive Probleme zeigte, wie zum Beispiel keine arithmetischen Aufgaben mehr lösen konnte. Erst dann, so meinte er, könne man davon ausgehen, dass die Symptome der psychischen Erkrankung nachlassen würden. Sämtliche Patienten litten unmittelbar danach unter Persönlichkeitsveränderungen. Viele starben. Viele hatten schwerwiegende geistige Behinderungen. Es gab zur Lobotomie keine empirischen Beweise, keine objektiven Forschungen. Natürlich gab es den einen oder anderen glücklichen Fall, bei dem der angerichtete Schaden nicht allzu groß war und zugleich die Symptome verschwanden, jedoch stützte man sich hier lediglich auf diese rein subjektiven Berichte und Einschätzungen, eben auf Einzelfälle.

Amerikanische Psychiater behaupten, würde die gesamte Menschheit einen psychologischen Test machen, dass bis zu fünfundneunzig Prozent gemäß den Richtlinien der Psychiatrie als geistig krank eingestuft würden. Und ich bin davon überzeugt, dass selbst heute noch Menschen eingewiesen werden, denen man besser auf andere, einfachere, menschlichere und vor allem vernünftigere Weise helfen könnte, als dass man sie in die Psychiatrie einweist und ihnen die Rolle des Geisteskranken zuweist. Auch verwendet man heute immer noch unglaubliche Therapiemethoden wie beispielsweise die Elektroschocktherapie, auch EKT genannt, wobei man rund 480 Volt durch den Kopf jagt. Zu diesem Therapieverfahren gibt es bisher noch keine empirischen Überlieferungen. Dennoch wird sie in Deutschland jährlich bei rund viertausend Menschen angewendet. So stellt sich mir die Frage: Welche Bedeutung haben Diplome heutzutage? Welche Bedeutung haben Studiengänge? Welche Bedeutung haben empirische Untersuchungen? Wie kann es sein, dass Menschen angezweifelt werden, weil sie behaupten, übersinnliche Fähigkeiten zu haben, oder weil sie einen bestimmten Glauben haben, während anscheinend »vernünftige«, studierte Menschen, wie Ärzte, immer noch Verfahren wie die Elektroschocktherapie anwenden, obschon es dafür keine Beweismittel gibt und die negativen Folgeerscheinungen frappant sein können? Du erkennst, was ich dir damit sagen möchte: Die Menschheit und deren Wissen ist relativ. Eingebildet groß und zugleich vernachlässigbar klein. In Wirklichkeit winzig. Förmlich nichts. Und unwahrscheinlich gemeingefährlich. Intellektuell-dumm.

Ich hatte mal eine Klientin, die völlig aufgelöst zu mir kam. Sie war vor mir bereits in drei verschiedenen psychotherapeutischen Behandlungen gewesen. Alle drei Psychologen und Psychiater stellten ihr unterschiedliche Diagnosen. Leider. Bereits als die junge Dame bei mir zur Tür hereinkam, machte sie einen völlig aufgelösten und verwirrten Eindruck. Sie erzählte mir von Ängsten, wegen denen sie ursprünglich zu einem Psychologen gegangen war. Dieser diagnostizierte eine angeblich depressive Verstimmung. Nach der zweiten Behandlung wollte man sie zum Psychiater schicken. Dorthin ging sie dann auch, aber ihre Ängste nahmen zu. Medikamente wurden ihr verschrieben, die sie dann kurzerhand absetzte. Sie erzählte mir, dass sie nun schon seit einigen Wochen keine Medikamente mehr eingenommen habe, dass sie dadurch aber klarer denken könne. Trotzdem brachte sie der kleinste Gedanke aus dem Ruder und sie hätte skurrile Ängste. Angst davor, ihr Haus zu verlassen. Angst, die Straße entlangzugehen.

Ich setzte mich mit meinem Stuhl direkt vor sie und hielt ihr einen Kugelschreiber vor die Augen. Ganz langsam und sanft fuhr ich mit dem Kugelschreiber vor ihrem Gesicht hin und her. Ganz langsam und entspannend. Dazu sagte ich: »Entspanne dich einfach. Mit jeder einzelnen Bewegung des Kugelschreibers entspannen sich deine Augen mehr und mehr. Bis du auf einmal in einen wunderschönen Zustand vollkommener, körperlicher und geistiger Entspannung fällst. Und immer mehr und mehr entspannst du dich. Und schlafe.«

Schon hatte ich meine Klientin in einem wunderbaren Zustand der Hypnose. Ich arbeitete mit ihr analytisch und zugleich posthypnotisch, das heißt, dass ich einerseits versuchte, die Ursache für ihre bestehenden Ängste aufzulösen, und andererseits versuchte, diesen Ängsten suggestiv entgegenzuwirken. Nach dieser einen Sitzung war meine Klientin scheinbar erlöst von ihren Ängsten. Ich erhielt von ihr einige Wochen später eine unheimlich berührende Karte. Von Hand geschrieben. Die Schrift war geschmeidig und schön. Sie wirkte glücklich und zufrieden. Ihre Ängste seien spurlos verschwunden. Sie könne wieder ruhig schlafen und konnte auch die darauffolgenden Tage deutlich klarer denken.

Ich freute mich, dass ich ihr, insbesondere nach ihrem Gang von Psychologe zu Psychiater, helfen konnte. Damit will ich nicht sagen, dass meine Arbeit besser sei als die der Psychologen oder Psychiater – im Gegenteil. Ich respektiere jeden Psychologen und Psychiater und weiß deren Leistung und Ambition zu schätzen, geistig kranken Menschen helfen zu wollen. Was ich jedoch sagen möchte, ist, wie relativ alles ist. Noch bis vor rund vierzig Jahren wendete man die Lobotomie an. Heute sogar noch die Elektroschocktherapie. Was ist richtig?

Besonders gut gefällt mir der Vergleich in der Pädagogik. Vor hundertfünfzig Jahren war die schwarze Pädagogik noch in Ordnung. Damals versuchte man, das Böse aus dem Kind zu prügeln. Und heute darf man Kindern nicht mal mehr eine Ohrfeige verpassen. Selbst Rousseaus Ansichten werden heute nicht mehr stark vertreten. Genauso sehe ich die Geschichte der Psychotherapie und Psychiatrie.

Alles ist relativ – auch mein vermitteltes Wissen soll für dich insofern frei bleiben, weil du völlig frei entscheiden kannst, was du nun für dich mitnehmen möchtest und was nicht. Ich biete dir die Basis meines fundierten Wissens, das heißt, dass ich es erprobt und bewertet habe. Ich biete dir meine Erfahrung und meine Fähigkeiten an. Was du mitnimmst, was du glaubst und was du genau willst, das liegt völlig an dir. An dir allein.

Obschon ich nun erkenne, wie relativ unsere Welt ist, muss ich der Tatsache ins Gesicht sehen, dass mein Vater von uns gegangen ist. Und ich weiß, welche wesentliche Bedeutung für seinen letzten Entschluss die Psychiatrie hatte. Ich kann mich an Situationen erinnern, als er aus der Psychiatrie geflüchtet war. Verständlich. Wäre ich auch. Ist man dort einmal drin, kommt man nicht mehr so einfach raus. Man ist eben krank. Kaum verständlich ist mir, weshalb psychische Erkrankungen heutzutage immer noch nicht dieselbe Wertung haben wie biologische. Unser Gehirn ist eines unserer wichtigsten Organe. Doch eines bleibt unverändert: Man ist im »Topf« – »geisteskrank«. Und wer aus diesem Topf herauskommen will, muss unzählige positive Gutachten vorlegen. Natürlich ist mir klar, dass Menschen, die für sich oder für andere Menschen gefährdend sein könnten, in Behandlung gehören. Doch so war mein Vater nicht. Ich verstehe auch, dass es Menschen gibt, die krankhaft depressiv sind. Dennoch sorgte die Psychiatrie bei meinem Vater für einen Teufelskreis, aus dem er nur schwer noch herauskommen konnte. Er meinte, man steckte ihn mit Absicht in die Psychiatrie. Er war im Topf. Und für mich ist verständlich, dass er aus dem Topf raus wollte.

Durch meine Fähigkeit hatte ich die Ehre, mich tiefgründig mit betroffenen Menschen auseinandersetzen zu dürfen. Klienten, die beim Psychiater waren und von mir nur eines hören wollten: »Du bist okay. Du bist nicht geisteskrank. Dann wären wir alle geisteskrank. Aber ich helfe dir, dein Problem zu beheben. Du musst dir deswegen nicht dein Leben nehmen.«

Gleichzeitig bekam ich Anfragen von Psychologen, Heilpädagogen und Psychiatern. Ich weiß es sehr zu schätzen, dass man sich für meine Fähigkeiten interessiert. Schließlich war mein erster Kunde ein Psychiater. Es ist nicht meine Absicht, eine Seite gegen die andere auszuspielen. Die Psychiatrie wird gebraucht. Und die Psychologie gab es schon immer. Dennoch möchte ich hier zeigen, wie relativ alle Geschichten, Thesen und Theorien der Geisteswissenschaften sind. Und ich möchte an das allgemeine Verständnis appellieren. Das Verständnis für psychische Erkrankungen und für Optimierungsmaßnahmen im interpersonellen Umgang mit psychisch Erkrankten.

Mein Vater tat alles, was man von ihm verlangte. Ich habe ihn als lebensfreudigen Menschen in Erinnerung. Ich kann es verstehen. Ich liebe das Leben ebenso über alles. Ich liebe es sehr. Bereits als kleiner Junge sagte ich zu meiner Mutter: »Ich glaube, ich werde jung sterben«, und zugleich hoffe ich so sehr, dass ich damit falsch lag. Mich als Kleinkind am Leben zu erhalten, war schon eine Kunst. Mit all den Atemstillständen, Ohnmachtsanfällen und Nahtoderlebnissen war es nicht einfach. Früh schon hatte ich überall ein Leiden und wollte einfach nur gesund sein. Nun bin ich es. Daher ist es nur zu verständlich, dass ich als Kind diese These entwickelte. Heute bin ich gesund, kerngesund. Doch ich beanspruche auch meinen Körper, weil ich mir das Leben nicht aufsparen, sondern es leben möchte. Ich habe zwar in meiner Jugend etwas verpasst, aber ich habe meine Energien und insbesondere meine geistigen genutzt, um im Leben weit voranzukommen. Ich habe Visionen verfolgt. Meine Ideen, meine Gedanken und mein Wissen haben mein Leben bereichert. Und deswegen werde ich meine Lebensfreude weiterhin nach außen transportieren und den Menschen zeigen, wie schön es ist, seinen Geist durch geheimes Wissen, durch Gedanken und durch übersinnliche Fähigkeiten auszuschöpfen. Und so sein eigenes Leben zu bereichern.

Der 1. März war prägend. Es war ein Tag wie kein anderer Tag. Er begann normal und endete in der Flucht. Er endete in einem emotionalen Eklat. Es schien bereits alles geplant. Der Ausstieg. Der Notausgang. So war es. Doch man half uns. Meine ältere Schwester Jasmin stülpte mir ihr T-Shirt über. Es war kühl draußen. Sie nahm mich auf den Arm und rannte mit mir zu ihrem Wagen. Sie setzte mich in den Wagen, sagte, ich solle mich anschnallen und fuhr davon. Sie fuhr einfach los. Es gab noch keine Handys. Es gab keinen Kontakt. Sie wusste nicht, was zu tun war, doch sie tat alles richtig. Mehr als richtig. Ich fragte sie: »Kannst du noch fahren? Siehst du noch etwas, weil du so sehr weinst?« Sie schluchzte und sagte: »Ja, ich kann noch fahren.« Sie sorgte sich so sehr um mich und ich bewunderte sie für ihre scharfen Gedanken. Ich bewunderte sie immer für ihren IQ und tue es heute noch. Ich weiß, dass sie genauso einen sechsten Sinn hat wie ich. Ich bin ihr noch heute sehr dankbar, dass sie sich derart um mich sorgte.

Es war der letzte Tag, den wir mit ihm teilen konnten. Es war ein Schicksalsschlag. Für uns alle. Sein Sprung in die Freiheit. Doch inzwischen weiß ich, dass er auf uns herabsieht und auf uns schaut.

Der Ausweg aus meinem Muster

Jetzt möchte ich mit dir ein Experiment machen. Ein sehr spannendes Experiment. Aber nur du allein kannst entscheiden, ob du bei diesem Experiment mitmachen möchtest oder nicht. Bitte lies zuerst nur meine Anleitung und nicht weiter, da du sonst schon den Ausgang des Experimentes erfahren könntest. Ich werde dich nun zu drei Schritten auffordern. Präge dir diese Schritte gut ein und führe sie im Anschluss durch.

Bestehende Prägungen, Muster, Ängste oder Traumata kommen stets in Begleitung mit einem negativen Gefühl. Dieses negative Gefühl möchte ich nun gemeinsam mit dir lokalisieren, damit du es in einem weiteren Schritt auflösen kannst. Damit es dir nachhaltig besser geht, du vielleicht sogar geheilt bist.

Ich möchte gerne, dass du Folgendes tust: Gehe in dich hinein und versuche, ein schon länger bestehendes Problem und das damit gekoppelte Gefühl zu lokalisieren. Und zwar wie folgt:
1. *Schließe deine Augen.* Definiere dein Problem und versuche, das entsprechende damit gekoppelte, negative *Gefühl zu fühlen.*
2. Stell dir vor, du könntest mit deinen Augen in deinen Körper hineinschauen und das mit dem Problem ver-

knüpfte *Gefühl in deinem Körper an einer bestimmten Stelle lokalisieren*. Irgendwo sitzt das Gefühl in deinem Körper.
3. *Lege nun deine Hand auf die entsprechende Stelle*, an der du das Gefühl spürst.

Ganz einfach: Lokalisiere das Gefühl, das mit einem Problem gekoppelt ist, das dich schon länger beeinträchtigt. Lege anschließend deine Hand auf die entsprechende Stelle deines Körpers, wo du das negative Gefühl spürst. Mache es bitte jetzt, wenn du magst. Du wirst erstaunt sein.

Wenn du das obige Experiment richtig durchgeführt hast, wirst du, da bin ich mir sicher, deine Hand irgendwo an deinem Oberkörper platziert haben. Denn fast alle Menschen empfinden dieses negative Gefühl in der Nähe des Bauches, bis hin zum Unterleib. Einige fühlen ihr Problem auch in der Gegend des Herzens. Wieder andere eher in der Gegend der Luft- und Speiseröhre, selten im Kopf. Ich bin mir sicher, dass du dein Gefühl nicht in einer deiner Extremitäten lokalisiert hast. Auch nicht im Unterkörper. Vorwiegend in der Region des Bauches, des Magens, des Halses und des Herzens.

Ich möchte dir von meinem Muster erzählen. Es ist mehr eine Prägung. Ein negatives Gefühl, das ich ebenfalls in meinem Bauch lokalisiert habe. Ich hatte lange das Problem, dass ich eine Leere in meinem Bauch gefühlt habe, wenn man mich zu Unrecht beschuldigt oder mir nicht geglaubt hat und/oder mich tröstete. Dieses Verlangen und Appellieren an den Glauben anderer Menschen, zu glauben, dass ich alles nur gut meine, und zu glauben, dass man mir vertrauen kann, begleitete mich bis in meine Jugend hinein. Auch das Verlangen, nicht getröstet zu werden. Ich mochte nie getröstet werden. Und immer dann, wenn ich zu Unrecht beschuldigt wurde oder getröstet wurde, empfand ich diese Leere in meinem Bauch. Es war wie ein Ziehen im Magen. So als würde dieser leere Raum in meinem Bauch implodieren und sich alles zusammenziehen. Danach stieg dieses negative Gefühl hoch und fühlte sich an wie ein Kloß, der in meiner Luftröhre steckenblieb. Ich hatte das Gefühl, als würde ich keine Luft mehr kriegen. Und der Atem blieb mir aus. Zugleich hatte ich eine Art Verlust meines Geschmackssinns. Meine Zunge wurde beinahe taub, wie gelähmt. Im Anschluss wurde mein Kopf wie gelähmt, bis mir dann die Tränen aus meinen Augen schossen.

Solche Muster entstehen meist schon ganz früh. Unser Unterbewusstsein ist ungefähr nach dem dritten Schwangerschaftsmonat, also pränatal, gut genug ausgebildet, um erste Wahrnehmungen zu speichern. Jeder ins Unterbewusstsein gelangte Inhalt kann auf Lebenszeiten gespeichert werden und auch prägend sein. Sprich, er kann entscheidend sein für eine Kette von weiteren Prägungen, Mustern, Ängsten und Problemen, die uns erst später beeinträchtigen.

Mein negatives Gefühl ist logisch zu erklären: Kaum war ich auf der Welt, vergaß ich zu atmen. Mit sechs Monaten begannen meine Affektanfälle. Bei jedem einzelnen Anfall war ein Gedanke, ein Gefühl oder eine Angst ausschlaggebend, dass ich nach Luft rang und mein Bewusstsein verlor. Es ist verständlich, dass mein Unterbewusstsein später bei einem derart negativen Gefühl Angst davor hatte, keine Luft mehr zu kriegen. Auch wenn ich schon lange keinen Anfall mehr hatte. Den letzten bekam ich mit sieben Jahren. Doch das Muster, das negative Gefühl, das bei einem entsprechenden Anlass immer hochstieg und mir die Tränen in die Augen schießen ließ, das war weiterhin vorhanden. Es begleitete mich. Mein Unterbewusstsein hatte sozusagen bei jedem früher ausschlaggebenden Gefühl Angst davor, wieder keine Luft zu bekommen und ohnmächtig zu werden. Unterbewusst war es schrecklich. Ich wusste zwar bewusst, dass ich nicht nahe am Wasser gebaut war, im Gegenteil, ich dachte von mir, ich wäre stark. Aber immer dann, wenn man einen Schwachpunkt von mir traf, ahnte ich, dass dann diese Leere, dieses schreckliche negative Gefühl aufkommen würde. Beispielsweise passierte es immer unwillkürlich, sobald ich getröstet wurde. Ich wollte nie getröstet werden, ich fand das immer schon schlimm. Ich werde noch heute nicht gerne getröstet. Insbesondere dann nicht, wenn es schon zu spät ist.

Viele Menschen trösten ja erst, wenn das Gegenüber weint oder offensichtliche Zeichen der Trauer oder der Demut zeigt. Dabei möchten wir doch alle schon getröstet werden, bevor die negativen Gedanken und Gefühle aufkommen müssen. Am schlimmsten fand ich, wenn der Trost nicht authentisch war und förmlich müßig von sich gegeben wurde. So konnte es vorkommen, dass ich traurig wurde, weil man mich tröstete, obschon ich ursprünglich gar nicht traurig war, und dass ich, wenn man mich nicht getröstet hätte, niemals traurig geworden wäre. Doch die Trauer war die letzte Etappe der Steigerung meines sich ursprünglich im Bauch befindenden Gefühls. Ich schaffte es jedoch bereits in meiner frühen Jugend, dieses Gefühl beiseite zu legen.

Anschließend möchte ich dir zwei Möglichkeiten zeigen, wie du das bei dir tun kannst. Wie du dein negatives Gefühl auflösen kannst. Wie du ihm entgegenwirken kannst, sodass du dich von diesem alten Muster zukünftig nicht mehr beeinträchtigen lassen musst.

Autosuggestive Methoden

Es gibt Techniken, die du für dich und an dir selbst anwenden kannst, um einem Problem entgegenzuwirken oder dieses vielleicht sogar auflösen zu können. Oftmals haben wir Menschen das Gefühl, dass wir nur dann geheilt oder von einem Muster oder Problem befreit werden können, wenn wir eine möglichst bittere, möglichst große und zugleich noch gelb leuchtende, teure Pille einwerfen. In der Tat haben Studien gezeigt, dass der Heilungsprozess schneller voranschreitet, wenn wir Medikamente einnehmen, die eher bitter sind, leuchtende Farben haben sowie groß und teuer sind, obwohl die Inhaltsstoffe der gelben und der normalen, weißen, unscheinbaren Pillen dieselben sind. Es ist also empirisch belegt, dass der Placeboeffekt existiert; sprich, dass wir uns durch unsere Gedankenkraft selbst heilen können. Diesem Effekt kam auch schon Émile Coué auf die Schliche, als er Medikamente verkaufte, die bei den Kunden besonders gut anschlugen, obschon die Inhaltsstoffe keine entsprechend bessere Wirkung hätten resultieren sollen. Er war der Begründer der modernen Autosuggestion und meinte, dass es, wenn es einem nicht gut gehe, reiche, wenn man abends vor dem Schlafengehen und morgens unmittelbar vor dem Aufstehen rund zwanzig Mal laut zu sich selbst sagt: »Es geht mir mit jedem Tag in jeder Hinsicht immer besser und besser.«

Er ging davon aus, dass unser Unterbewusstsein diese Worte nur hören müsse und es dadurch effektiv derart positiv geprägt würde, dass es einem in der Tat besser gehe. Er war der Meinung, dass man die Worte laut aussprechen müsste, sodass das Unterbewusstsein die Worte über das Gehör auch wahrnehmen könne.

Viele andere Experten auf dem Gebiet der Autosuggestion haben inzwischen modernere Methoden entwickelt. Ich möchte dir nun zwei wirklich gute Techniken beibringen, die du sofort an dir selbst anwenden kannst.

Vielleicht fragst du dich, wie Autosuggestion funktioniert oder ob sie Ähnlichkeiten mit autogenem Training hat. Grundsätzlich ist es sehr schwierig, autogenes Training von einer Autosuggestionstechnik zu unterscheiden, jedoch geht man davon aus, dass man sich im Rahmen einer Autosuggestion von allein in Hypnose versetzt. Du also eine Selbsthypnose anwendest.

Ganz genau, du wirst dich selbst in Hypnose versetzen. Du denkst, das sei unmöglich? Dann muss ich dir leider diese Illusionen nehmen, du versetzt dich täglich mehrmals von selbst in Hypnose. Sei es, wenn du an der Kasse stehst und träumst oder sogar während der Autofahrt. Sich selbst zu hypnotisieren sollte also kein Problem darstellen.

Aber was sind die entscheidenden Punkte für eine Selbsthypnose? Natürlich musst du folgende drei Bedingungen mitbringen: Du musst dein Problem autosuggestiv angehen wollen, sprich dich selbst hypnotisieren wollen. Der Wille muss vorhanden sein. Dann musst du daran glauben. Denn wer nicht glaubt, hindert sich daran, sich in einen entsprechend tiefen Zustand der Trance fallen zu lassen. Bitte stelle dir jedoch nicht während des gesamten Prozesses dauernd die Frage, ob du nun wohl in Trance bist. Du musst es einfach geschehen lassen. Dich fallen lassen können. Und du musst dir, der Methode und meiner Anleitung vertrauen. Wille, Glaube und Vertrauen musst du also mitbringen. Wenn du das hast, so schließe ich aus, dass du Angst bekommst. Bitte habe dabei keine Angst. Die Hypnose kann dir nur guttun.

Deine Gehirnaktivität wird deutlich erhöht sein. Es kann dir also in keiner Weise schaden. Die Hypnose als erfolgreiches Psychotherapieverfahren hat sich seit über zweihundert Jahren bewährt und wird heute in aller Welt auch im medizinischen Bereich angewandt. Also darfst du dich so richtig auf diesen vertrauten Zustand freuen. Und du wirst über die gesamte Selbsthypnose dein eigener Chef sein und wirst völlig frei entscheiden können, was du dir nun suggerieren möchtest und was nicht. Autosuggestion heißt ja: »auto«, sprich »selbst«, und »Suggestion«, sprich »Einfluss« oder »Befehl«. Also du entscheidest selbst, welche Einflüsse du deinem Unterbewusstsein geben willst und welche nicht.

Du kannst dich auch jederzeit völlig frei wieder ins Hier und Jetzt zurückholen, indem du einfach die Augen öffnest, nachdem du deinem Geist und deinem Körper die Entspannung nimmst. Den Willen, den musst du völlig allein aufbringen. Ich kann es dir nur beschreiben.

Übrigens ist die Mitgabe einer Autosuggestionstechnik schon fast fester Inhalt meiner Einzelsitzungen. Was wir hier machen, ist also so etwas wie ein Teil einer individuellen Einzelsitzung. Den Glauben daran, den kann ich dir nicht geben – ich kann nur versuchen, dich davon zu überzeugen. Ich bin sicher, dass ich das schaffe. Und das Vertrauen – ja das, so denke ich, ist gegeben, zumal du weißt, welche Erfolge ich bereits mit meinen Techniken hatte und diese nicht nur anderen Institutsleitern, Ärzten und Managern weitergeben darf, sondern auch meinen Klienten, aber genauso auch Professoren und Personen der Öffentlichkeit. Du darfst mir vollkommen vertrauen.

An dieser Stelle fällt mir gerade eine E-Mail-Nachricht einer Klientin ein. Sie wollte zu mir in eine Therapiesitzung kommen. Sie war Kettenraucherin und wollte nicht nur davon wegkommen, sondern musste es aus gesundheitlichen Gründen auch. Ich hatte mit ihr einen Termin vereinbart – nur war dann das Problem, dass ich für den entsprechenden Tag eine Terminkollision hatte. Ich rief die Dame also an und ließ sie wissen, dass ich leider kurzfristig verhindert sei. Weil das überhaupt nicht meine Art ist, sagte ich ihr am Telefon, dass ich ihr anschließend per E-Mail eine kurze autosuggestive Anleitung senden würde, die sie an sich selbst anwenden und so vielleicht das Wochenende schon angenehmer überbrücken könnte. Ich sagte ihr: »Wenn es Ihnen wirklich derart wichtig ist, dann möchte ich, dass Sie diese Anleitung ernst nehmen und die Methode täglich mehrmals anwenden.«

Die Woche verging und ich hörte nichts von der Klientin. Ich kannte sie noch nicht. Nur wusste ich, dass sie angeblich sehr starke Kettenraucherin war. Sie erschien pünktlich zu unserem Ersatztermin. Sie war ungefähr Mitte fünfzig, pfiffig, etwas extrovertiert und trug schwarze Kleidung. Das weiß ich noch genau. Eigenartig fand ich, dass sie nicht nach Rauch roch. Ich dachte mir: »Na ja, vielleicht hat sie sich Kleider angezogen, die gerade frisch gewaschen waren, oder aber sie raucht auf dem Balkon, sodass ihre Kleider, die sie im Schrank aufbewahrt, nicht nach Rauch riechen. Zwar etwas eigenartig für eine Kettenraucherin. Ist das vielleicht eine Frau, die gar keine Kettenraucherin ist, nur einen Termin bei mir wollte und alles derart dramatisierte, damit sie einen Termin erhielt?«

Ich ließ sie Platz nehmen und gab ihr ein Formular zum Ausfüllen. Sie meinte: »Muss ich alles ausfüllen? Denn in der Zwischenzeit ist etwas passiert.« Dabei lächelte sie so schelmisch, als würde sie sich wie ein kleines Mädchen darüber freuen, etwas zu wissen, was ich nicht weiß. Ich dachte mir: »Mensch, hab ich's doch geahnt. Eine, die mir nur am Telefon etwas vorgespielt, dramatisiert hat, damit sie eine Einzelsitzung bekommt, und mir nun gesteht, sie sei keine Raucherin und komme nur, weil sie mal die Hypnose erleben wolle.«

Ich ging zum Kühlschrank und besorgte ihr ein Glas Wasser. Dann setzte ich mich auf meinen Sessel, nahm das halb ausgefüllte Formular entgegen und las es mir kurz durch. Beim Feld »bestehende Beschwerden/Grund der Konsultation« stand das Wort »Nikotinsucht«. Ich dachte mir: »Na, dann stimmt es ja doch.« Ich schaute auf ihre Fingernägel und schon fiel mir auf, wie sehr sie versucht hatte, die Nägel von Zeige- und Mittelfinger ihrer rechten Hand mit einem dunkelroten Nagellack zu lackieren, damit die vom Nikotin gefärbten Finger nicht auffielen. Sie hatte keine langen Fingernägel, aber auch keine kurzen. Es schien mir fast so, als hätte sie für gewöhnlich gar nicht das Bedürfnis, ihre Fingernägel derart zu lackieren. Ich hatte auch das Gefühl, dass das gar nicht zu ihr passte. Ich las weiter im Formular. Dann sagte sie ganz schüchtern: »Eben« und holte Atem. Aber langsam, so als würde sie darauf warten, dass ich ihr ins Wort fallen würde. Ich meinte: »Ja?« Sie fuhr fort: »Sie haben mir ja nach unserem Telefongespräch diese Anleitung geschickt, nicht?« – »Ja.« – »Und zuerst dachte ich mir: Das klappt niemals. Das ist nicht böse gemeint, aber ich dachte mir, dass das einfach nur funktionieren würde, wenn ich von Ihnen hypnotisiert werde. Dann dachte ich, ich versuche das einfach mal und druckte mir die E-Mail aus. Mein Mann sah vom Bett aus fern und ich lag mit Ihrer Anleitung in der Hand neben ihm im Bett. Dass er ferngesehen hat, störte mich nicht. Ich bin sowieso ein Typ Mensch, der überall einschlafen kann. Neben mir könnte ein Jumbo-Jet starten und es würde mich nicht vom Schlaf abhalten.« – »Okay.«

»Dann las ich Ihre Anleitung durch und versuchte, sie genauso, wie Sie sie geschrieben haben, durchzuführen. Ich merkte noch, wie ich immer müder und müder wurde. An das Weitere kann ich mich nicht mehr erinnern. Ich wachte mitten in der Nacht auf. Mein Mann schlief schon. Und ich legte das Blatt zur Seite und schlief weiter.« – »Spannend.«

»Eigenartig wurde es dann erst am nächsten Morgen, als ich aus Routine nach der Zigarettenschachtel griff, die auf meinem Nachttischlein lag. Ich wollte eine Zigarette rausnehmen, als ich auf einmal eine Art ›Lustlosigkeit‹ spürte. Hätte ich eine Zigarette herausgenommen, dann wäre es für mich fast ein ›Muss‹ gewesen. Ich wollte gar nicht. Und ließ die Packung auf dem Nachttisch liegen.« – »Sehr spannend. Wie dann weiter?« – »Als ich aus der Wohnung ging, nahm ich zwar die Packung mit in meiner Handtasche, aber in jeder einzelnen Pause hatte ich stets dasselbe lustlose Gefühl in mir. Und zugleich ein Frischegefühl in meinem Mund. Ich mochte keine Zigaretten mehr hineinstecken. Für mich wären die Zigaretten eine Art ›Spielverderber‹ gewesen, für mein gutes Gefühl, das ich den gesamten Tag über hatte.

Und nun habe ich seither genau zwei Züge geraucht. Vorgestern einen, weil ich es einfach nicht glauben konnte und derart neugierig war, ob ich mich nun wohl vor dem Geschmack ekeln würde, und deswegen eine Zigarette angezündet habe. Als ich bei dem ersten Zug einen bitteren, ekligen Geschmack hatte, wollte ich es einfach nicht glauben und nahm einen zweiten. Aber derselbe eklige Geschmack blieb, daher warf ich die Zigarette auf den Boden. Das war's dann. Bin ich jetzt schon geheilt? Müssen wir gar keine Sitzung mehr machen?«

»Na, das klingt alles sehr erstaunlich und zugleich für mich nicht mehr außergewöhnlich. Sie haben die Anleitung scheinbar wirklich ernst genommen. Das freut mich sehr. Sie haben Ihrer Sucht nun schon autosuggestiv derart entgegenwirken können, dass Sie anscheinend schon so gut wie geheilt sind. Wenn Sie wollen, können wir kurz nachsehen, ob wir noch analytisch vorgehen müssen. Andernfalls kann ich das Ganze auch noch etwas versiegeln.«

Sie war damit einverstanden und fiel unheimlich schnell in Hypnose. Das wunderte mich nicht – weil sie schon wusste, wie man sich einfach fallen ließ. Nachdem ich analytisch nachsah, verwendete ich abschließend eine direkte Aversion; sprich, ich suggerierte ihr erneut einen direkten Ekel auf Zigaretten. Nach der Sitzung bat sie mich: »Ich habe noch eine Bitte, können Sie die Zigaretten in meiner Tasche gleich wegwerfen?« – »Lustig, dass Sie das von selbst erwähnen. Für gewöhnlich konfisziere ich die Zigaretten nach jeder Raucherentwöhnungssitzung.« Dann wollte ich testen, wie hoch ihr Ekel nach der Hypnose noch war, und sagte: »Sie können die Zigarettenpackung einfach hier in den Abfalleimer werfen.« Sie antwortete: »Das kann ich nicht.« – »Weshalb nicht?«, fragte ich. Sie meinte: »Ich kann einfach nicht. Ich kann sie nicht mehr anrühren. Können Sie sie aus meiner Tasche nehmen und für mich wegwerfen?« – »Selbstverständlich.«

Dann wurde es besonders lustig: Sie sagte mir, ich solle die Tasche bitte öffnen. Es war ein Magnetverschluss. Ich öffnete die Tasche, als sie sich auf einmal in ihrem Sessel zusammenzog, den Kopf nach hinten zog, mir nur noch die Schulter zuwendete und hinter sich auf den Boden guckte. So als befände sich eine eklige, giftige Schlange in der Tasche, die jeden Moment herausspringen könnte. Ich suggerierte ihr, dass alles in Ordnung sei. Sie lotste mich durch ihre Tasche bis ich dann neben Lippenstift, Sonnenbrille und Portemonnaie auf die Zigaretten in der inneren Seitentasche stieß. Ich warf sie in den Abfalleimer und sagte: »Weg.« Sie sah nochmals zur Kontrolle in der Tasche nach und war auf einmal unheimlich erleichtert. Sie bedankte sich ganz herzlich und verließ mein Büro. Ich erhielt wenige Wochen nach dem Termin eine E-Mail von ihr. Sie war zu diesem Zeitpunkt immer noch Nichtraucherin und zuversichtlich, es ein Leben lang zu bleiben, so ihre Worte.

Mit dieser Geschichte möchte ich dir zeigen, wie wirkungsvoll die Autosuggestion sein kann. Du wirst erstaunt sein. Wichtig ist, dass du die Technik ernst nimmst, wenn du damit ein bestehendes Problem angehen willst, und sie mehrmals täglich anwendest. Möchtest du dir die Autosuggestionsmethoden noch mehr verinnerlichen, so sind diese auch auf meiner von mir besprochenen CD mit dem Titel *Die Kraft deines Unterbewusstseins – Autosuggestionen für Erfolg und Wohlbefinden* erhältlich.

Vorbereitung zur Autosuggestion

Bevor wir uns den Techniken zuwenden, möchte ich, dass du folgende Regeln einhältst:

- *Setze oder lege dich in eine stabile Position.* Im Idealfall legst du dich während der Autosuggestion hin oder du setzt dich so, dass du garantiert nicht zur Seite, nach hinten oder vorn fallen kannst. Wenn du sitzt, dann könntest du deine Unterarme auf die Oberschenkel legen, sodass du in einer stabilen Position länger verweilen kannst. Die Beine etwas auseinanderstellen.
- Wenn du deine Nackenmuskulatur entspannst, *lass den Kopf niemals nach hinten fallen, sondern immer nach vorn,* sodass dein Kinn auf deiner Brust ruht. Auf diese Weise

kannst du dich hervorragend im Ganzen wie auch die Nackenmuskulatur entspannen.
- Wende die Autosuggestion nicht an, wenn du unter starkem Alkoholkonsum stehst, sonstige Drogen eingenommen hast oder wenn du schwanger bist. Ich hoffe, das ist selbstverständlich. Alles nur zu deiner eigenen Sicherheit. Es geht um eine vorbeugende Maßnahme für situative Risiken.
- Wende die Methode *mehrmals täglich* an. Gehe jeweils nur ein Problem zurzeit an. Bearbeite dieses Problem mit der Methode so lange, bis eine Besserung sichtbar wird, bevor du dich einem weiteren Problem widmest.
- Versuche, störende Faktoren auszuschalten, wie etwa ein offenes Fenster zu einer lauten Straße.
- Du kannst dir die Autosuggestionen selbst innerlich sagen – mit deiner inneren Stimme – oder du nimmst sie dir auf Tonband auf. Beides ist in Ordnung.
- Messe jeweils die Zeit, wie lange du dafür gebraucht hast, und versuche, immer schneller und schneller zu werden, *versuche zugleich, immer weniger dabei zu denken.* Es wird sich eine Art »*visuelle Geschichte*« entwickeln. *Versuche, diese von Mal zu Mal schneller abspielen zu lassen*, wie eine Art Kinofilm. Bis du irgendwann einmal nur noch die Augen für zehn Sekunden schließen musst und den gesamten, heilenden Prozess bereits durchgemacht hast. Nimm dir für das erste Mal aber so viel Zeit, wie dir lieb ist.
- Du musst es wollen, du musst daran glauben und mir und der Methode vertrauen.

Bitte denke daran, ich kann dir mit dieser Autosuggestionsmethode keine Garantie geben, dass danach dein Problem gelöst ist. Du solltest sie mehrmals täglich anwenden und musst konsequent und diszipliniert sein. Vor allem, fordere es nicht heraus. Es wäre kontraproduktiv, wenn du beispielsweise damit einer Sucht entgegenwirken möchtest und nach einer Anwendung nur mal versuchen willst, ob dir das entsprechende Suchtmittel danach überhaupt noch gefällt. Klar wirst du nicht von der einen auf die andere Sekunde geheilt. Es kann passieren, dass eine einzige Anwendung Wunder bewirkt, aber es ist kontraproduktiv, das testen zu wollen. Logischerweise wirst du, solange du nicht geheilt bist, das Suchtmittel noch konsumieren können, die Angst immer noch präsent, das Trauma immer noch vor dir schwebend haben. Ein Ex-Gefängnisinsasse geht auch nicht hinaus und versucht, ob er noch Verbrechen begehen kann oder nicht, nur um zu sehen, ob er immer noch ein Verbrecher oder ein vernünftiger Mensch geworden ist. Genauso solltest auch du nach der Anwendung der Autosuggestion nicht versuchen, das Schicksal herauszufordern. Aber bei jeder Anwendung kannst du dir ein positives, gegensteuerndes Gefühl suggerieren.

Ich lehne jegliche Haftung für negative Folgewirkungen, Auswirkungen und dergleichen ab und erkläre deutlich, dass keine Heilung stattfinden muss, sondern es von den individuellen Faktoren abhängt. Außerdem kann man kranke Menschen mit dieser Methode nicht einfach so wie durch Geisterhand heilen. Ich weiß, dass Autosuggestion ausschließlich eine positive und heilende Wirkung in sich trägt. Aber manche Menschen wenden sie an und kommen dann auf die Idee, mir anhängen zu wollen, dass sie seither ihre Frau nicht mehr lieben oder keinen Kaffee mehr trinken können, obschon sie sich eigentlich nur das Rauchen abgewöhnen wollten.

Wendest du die Methode richtig an, so bin ich überzeugt, wird dein Unterbewusstsein gemeinsam mit dir in Richtung deines Erfolges arbeiten.

Sublimierung

Wie schon erwähnt, ist jede autosuggestive Technik eine Art »Film«, der in deinem Kopf abläuft. Zugleich entspannst du dich dabei. Dieser Film wird das erste Mal vielleicht noch fünfzehn Minuten dauern. Doch nach dem dreißigsten Mal wirst du binnen weniger Sekunden dieselbe Tiefe der physischen und psychischen Entspannung erlangen wie auch dieselbe Wirkung erzeugen können.

Nun möchte ich dir eine von mir adaptierte Autosuggestionstechnik von Richard Bandler, die den Namen »Spinning Emotions« trägt, vorstellen. Da man bei dieser Methode als Therapeut sehr spezifisch auf den Klienten eingehen muss, man sich auf dessen Bilder, Wahrnehmungen und Empfindungen einlassen sollte, erlaube ich mir, dir hier eine von mir veränderte Methode mitzugeben. Natürlich solltest du dich völlig frei fühlen, die Inhalte an deine Person anzupassen, damit es für dich stimmt und dir entspricht.

Ich werde dir am Ende dieses Kapitels eine Zusammenfassung über die gesamte Autosuggestion geben.

Wir beginnen:
- *Bitte setze dich irgendwo stabil hin.* Nun versuche, dein Problem zu definieren und das damit verbundene Gefühl in deinem Körper zu lokalisieren, wie bereits im Kapitel »Der Ausweg aus meinem Muster« beschrieben ist. Dafür *schließt du die Augen* und versuchst, das Gefühl, das mit deinem Problem gekoppelt ist, zu fühlen. Dadurch wird es dir gelingen, das entsprechende *Gefühl irgendwo in deinem Körper zu lokalisieren.*
- Nun *möchte ich,* dass du *deinen Körper doppelt entspannst.* Jeden Muskel deines Körpers. Von der Nackenmuskulatur bis hinab zur Zehenspitze. Wenn sich dein Kopf entspannt und zugleich deine Nackenmuskulatur, dann musst du *deinen Kopf einfach nach vorn fallen lassen, bis dein Kinn auf deiner Brust ruht. Lass deinen Kopf auf keinen Fall nach hinten fallen.* Das ist sehr wichtig! Atme tief ein und wieder aus. Du sitzt immer noch in der zuvor eingenommenen, stabilen Position.
- *Drehe deine Handflächen so, als würdest du einen großen Ball zwischen ihnen halten;* sodass beide Handflächen zueinander gerichtet sind. Die Handgelenke liegen aber immer noch ganz entspannt auf deinen Beinen.
- Nun möchte ich, dass du dich *an ein Gefühl erinnerst, das dich unheimlich glücklich gemacht hat.* Eine Momentaufnahme in deinem Leben. Beispielsweise dein erster Kuss oder als du so richtig verliebt warst. Oder als du eine große Herausforderung mit Bravour gemeistert hast. Bitte stelle dir jetzt vor, dass sich dieses Gefühl zwischen deinen Handflächen befindet. Versuche, dir vorzustellen,

welche *Form, Farbe und Konsistenz dieses wunderbare Gefühl* hat, und lasse es in seiner ganzen Form, mit seiner vollen Farbe und der entsprechenden Konsistenz zwischen den Handflächen immer größer und größer werden. Lass es anschließend, sobald es groß genug ist, *direkt in deinen Bauch wandern.*

– Fühle dieses wunderbare Gefühl in deinem Bauch und erlebe erneut diesen einzigartigen, positiven Moment, in dem dieses Gefühl entstand. Fühle, wie sich dieses *positive Gefühl in deinem gesamten Körper ausbreitet.* Es kommt überall hin, in jede einzelne Zelle deines Körpers. Das Gefühl wandert immer höher und höher, erfüllt deine Brust und deinen Hals und es gelingt dir, dieses wunderbare Gefühl einfach so auszuatmen. *Du kannst es ausatmen und zugleich ballt sich das ausgeatmete, positive Gefühl erneut zwischen deinen Händen und wandert wieder in deinen Bauch.* Von dort aus verbreitet es sich wieder in deinem ganzen Körper.

– Beim zweiten Durchlauf fühlt es sich noch intensiver und besser an. Mit jedem Kreislauf, den das positive Gefühl schließt, verschwindet das anfängliche negative Gefühl immer mehr und mehr. Immer wenn sich diese positive Energie in deinem gesamten Körper ausbreitet, verblasst und verschwindet das zu Beginn in deinem Körper lokalisierte, negative Gefühl mehr und mehr. Es wird bedeutungslos. Es löst sich einfach auf. Und wenn es aufgelöst ist, so kannst du nun dieselbe Stelle mit dem positiven Gefühl füllen. Zugleich füllt sich jede Zelle in deinem Körper mit dieser wunderbaren Energie, mit diesem unbeschreiblich guten Gefühl.

– Lass dieses positive Gefühl immer schneller und schneller durch deinen Körper fließen. *Lass es immer schneller und schneller rotieren.* Atme das Gefühl aus, lass es sich wieder zwischen deinen Handflächen anballen und anschließend erneut in deinen Körper wandern. Mache das so lange, bis das positive Gefühl stark genug ist, um nachhaltig für deine positive Stimmung verantwortlich zu sein.

Was soll mit dieser Methode bewirkt werden? Ganz einfach: Gehen wir davon aus, dass dir dein Problem, das du beheben möchtest, somatische Anzeichen liefert, also dass es bei dir ein ungutes körperliches Gefühl auslöst, so ist dieses Gefühl in deinem Unterbewusstsein mit dem Gedanken an die Problematik gekoppelt. In den meisten Fällen liegt eine psychosomatische Koppelung vor. Wir können mit dieser Methode bewirken, dass das psychosomatische Gefühl neu eingeordnet und im Unterbewusstsein mit positiven Gedanken und Gefühlen gekoppelt werden kann, sodass bei einem erneuten Gedanken an die Problematik in Zukunft keine derart schlechten, somatischen, sprich auf den Körper bezogenen Gefühle mehr entstehen. Es ist ein neuer Lernprozess deines Unterbewusstseins.

Wende diese Methode immer dann an, wenn du befürchtest, dass das negative Gefühl aufkommen oder vielleicht sogar überhandnehmen könnte. Verwende diese Technik aber auch vorbeugend, um dich und dein Unterbewusstsein zu stärken. Du kannst sie nicht oft genug anwenden.

Zusammenfassung: Sublimierung (Stichworte)

1. Nimm eine stabile physische Position ein.
2. Schließe deine Augen und entspanne dich immer mehr und mehr.
3. Lokalisiere das mit dem Problem aufkommende, negative Gefühl in deinem Körper.
4. Denke an das positivste Erlebnis deines Lebens und das damit verbundene Gefühl.
5. Lasse das Gefühl zwischen deinen Händen wachsen. Erkenne Form, Farbe, Konsistenz.
6. Lasse das Gefühl in deinen Bauch wandern und sich von dort aus ausbreiten.
7. Atme das positive Gefühl wieder aus und lasse es zwischen deinen Händen wieder anballen.
8. Fühle, wie das negative Gefühl nach und nach verblasst, aufgelöst und verdrängt wird.
9. Lasse dieses positive Gefühl immer schneller und öfter durch deinen Körper rotieren.
10. Öffne deine Augen, sobald du dich gut genug fühlst. Genieße den Zustand.

Ziel: Neue, unterbewusste Koppelung.

Der Schalter

Oft höre ich von meinen Klienten, dass sie am liebsten einen Schalter im Kopf deaktivieren möchten, damit das Problem, die Angst oder Sucht einfach ausgeschaltet wird. In der Tat gibt es eine entsprechende Methode, mit der man direkt mit dem Unterbewusstsein kommunizieren kann und die Suggestion so platziert, dass wir einen Schalter umlegen, der für eine entsprechende Problematik zuständig war. Die Methode, die ich dir dazu liefern möchte, ist eine von Dave Elman adaptierte Technik. Hierbei finde ich es einfacher, dir eine Schritt-für-Schritt-Anleitung zu geben, zumal du nun bereits weißt, wie die Autosuggestionstechnik ungefähr funktioniert. Auch hier gilt: Wende diese Technik präventiv an, aber wende sie besonders dann an, wenn du befürchtest, dass dein Problem dir erneut Sorgen bereiten könnte:

- Gehe in eine stabile Position. Im Idealfall legst du dich irgendwo hin, wo du dich sicher fühlst.
- Schließe deine Augen und versuche, dich, deinen Körper und deinen Geist zu entspannen. Immer mehr und mehr.
- Sobald du bereit bist, drehst du in Gedanken deine Augen um hundertachtzig Grad, sodass du direkt in deinen Kopf hineinschauen kannst.
- Nun suchst du den Schalter, der zuständig ist für dein Problem. Irgendwo in deinem Kopf liegt dieser Schalter, der bislang dafür zuständig war, dass dir dein Problem Sorgen bereitete.
- Sobald du ihn gefunden hast, lokalisierst du ihn und merkst dir, wo er sitzt. Versuche, alle Einzelheiten des Schalters zu erkennen. Sieht er aus wie ein Lichtschalter? Wie ein Kippschalter? Oder vielleicht wie ein Druckschalter? Versuche auch zu erkennen, welche Farbe der

Schalter hat. Ob er besondere Zeichen und dergleichen aufweist.
- Versuche zu erkennen, weshalb dieser lästige Schalter überhaupt noch eingeschaltet ist, und versuche dann herauszufinden, wie du ihn deaktivieren kannst. Vielleicht kannst du ihn ganz einfach mit einer Bewegung ausschalten. Vielleicht gibt es irgendwo ein Kabel, das mit dem Schalter verbunden ist und das du ausstecken, oder eine Sicherung, die du deaktivieren kannst. Finde heraus, wie du den Schalter deaktivieren kannst.
- Nun deaktiviere ihn und sorge dafür, dass er deaktiviert bleibt.
- Sorge dafür, dass deine Augen wieder in ihre Augenhöhlen wandern und drehe sie in ihre ursprüngliche Position.
- Öffne deine Augen und genieße den Zustand.

Solltest du dir einmal in einer bestimmten Situation unsicher sein, ob der Schalter noch deaktiviert ist, oder möchtest du kurz vor einer geistig entscheidenden Situation vorbeugend den Prozess erneut durchspielen, um dir die Sicherheit zu geben, dass der Schalter immer noch deaktiviert ist, so mache Folgendes:

- Schließe erneut die Augen und entspanne dich in der stabilen Position sogleich doppelt so sehr.
- Wandere mit deinen Augen an die Stelle, an der dein Schalter sitzt.
- Versuche herauszufinden, ob der Schalter immer noch deaktiviert ist.

- Ist der Schalter noch deaktiviert, so brauchst du gar nichts zu unternehmen.
- Ist der Schalter erneut aktiv, so versuche herauszufinden, weshalb er sich wieder eingeschaltet hat. Dann versuche, eine Lösung dafür zu finden, wie du den Schalter langfristig oder im Idealfall für immer deaktivieren kannst.
- Sobald du eine Lösung gefunden hast, deaktiviere ihn.
- Lasse deine Augen wieder in ihre ursprüngliche Position wandern.
- Öffne die Augen und genieße den Zustand.

Du wirst staunen, welche Wirkung diese Methode auf dein Unterbewusstsein haben kann.

Zusammenfassung: Der Schalter (Stichworte)

1. *Nimm eine stabile physische Position ein.*
2. *Schließe deine Augen und finde den Schalter.*
3. *Erkenne Farbe, Form und Muster des Schalters und weshalb er aktiv ist.*
4. *Deaktiviere den Schalter, sodass er so lange wie möglich inaktiv bleibt.*
5. *Öffne deine Augen.*

Bei weiteren Malen:
6. *Nimm eine stabile physische Position ein*
7. *Schließe deine Augen und gehe erneut zum Schalter.*
8. *Kontrolliere, ob er immer noch inaktiv ist.*
   Ist er inaktiv: Belass es so und freue dich.
   Ist er aktiv: Versuche, herauszufinden, weshalb er erneut aktiv ist, und deaktiviere ihn so, dass er langfristig inaktiv bleibt.
9. *Öffne deine Augen.*

Ziel: Deaktivierung negativer Autosuggestionen sowie neuer unterbewusster Lernprozess.

Vorsprung durch Wissen

Viele Unternehmen wollen sich diesen Vorsprung nicht entgehen lassen und so kam es, dass ich bereits sehr oft Unternehmen prozessorientiert beratend zur Seite stehen konnte. Zum Beispiel, wenn es darum ging, mithilfe des mentalen Wissens eine Kampagne so zu optimieren, damit sie auch maßgerecht im Unterbewusstsein des Endverbrauchers ankommt. Oder Mitarbeiter, Kaderleute oder ganze Unternehmen dahingehend zu coachen und zu schulen, dass sie sich im Kundengespräch mehr auf den Kunden konzentrieren. Das geheime Wissen der Gedankenleser kann so im Verkaufsgespräch unheimlich positive Wirkung erzielen, sei es, dass man den Kunden lesen oder dass man ihn gar beeinflussen kann.

Wir wissen, dass unser Unterbewusstsein mehr mitbekommt und kann, als wir ahnen. Umso mehr erstaunt es mich, weshalb man die Hypnose noch nicht in forensische Schritte eingebunden hat. In einigen Ländern zieht man Hypnotiseure hinzu, um bei der Aufklärung von Kriminalfällen zu helfen. Ich als Gedankenleser und Hypnotiseur weiß jedoch nicht, weshalb man sich nicht vermehrt auf diese Fähigkeiten einlässt.

Mittels Hypnose ist es denkbar, einen Menschen an einen beliebigen, vergangenen Ort und Zeitpunkt zu versetzen. Da alle Einflüsse, die wir wahrnehmen, automatisch im Unterbewusstsein gespeichert werden, wäre es also möglich, beispielsweise Täterbeschreibungen mittels Hypnose exakt zu rekonstruieren. Oder nehmen wir an, eine Zeugin hat beobachtet, wie der Täter in seinen schwarzen Wagen stieg und davonfuhr. Sie kann der Polizei lediglich noch die Farbe des Autos nennen sowie gegebenenfalls wenige auffällige Merkmale. Unter Hypnose ist es jedoch tatsächlich nicht ausgeschlossen, dass man die Zeugin unterbewusst nach der Autokennziffer fragt und sie diese detailgetreu nennen kann; weil lediglich ihr Unterbewusstsein die Nummer wahrgenommen hat. Ihr Bewusstsein war zu diesem Zeitpunkt ausgeschöpft, daher fand diese Wahrnehmung unterbewusst statt. Als Gedankenleser wäre es auch möglich, mittels sozialgesellschaftlicher, psychologischer Tricks Täter aus ihrem Bau zu ködern oder Lügen des vermeidlichen Täters zu entlarven.

Wer Wissen hat, das man an keiner institutionellen Einrichtung lernen kann, der hat einen Vorsprung. Wissen bedeutet Vorsprung und Vorsprung bedeutet Zeit. Zeit bedeutet Geld. Zeit bedeutet Leben. Unsere Lebenszeit ist begrenzt – umso schöner ist es, wenn wir diese mit positiven Dingen genießen können und uns nicht mit mühsamen Problemen befassen müssen.

Es ist an der Zeit, sich für etwas Neues zu öffnen und nicht stets in alten Mustern herumzuirren. Alles Neue ist eine Erfahrung. Erfahrung ist unser Leben.

Authentizität

Immer wieder erzählen mir Kunden und Klienten, dass ihnen ein Kommunikationsexperte gesagt hat, sie müssten anders kommunizieren, ihre Sätze anders formulieren. Sie müssten beim Reden die Hände aus der Hosentasche nehmen und den Kopf nicht schief halten. Sie sollten nicht immer »ehm« sagen und wenn möglich alle Sätze positiv formulieren.

Schrecklich. Zumal wir wissen, dass nicht nur die Person, die spricht, ein Unterbewusstsein hat, sondern auch der Empfänger. Was genau geschieht, wenn ich nun als etwas suggestible Dame mittleren Alters den Worten eines Kommunikationsexperten vertraue, der behauptet, ich solle, wenn ich rede, nicht ständig den Kopf schief halten? Angenommen, das wäre meine Angewohnheit. Was tun, wenn ich dem angeblichen Experten vertraue und zu Hause vor dem Spiegel übe, nur noch mit geradem, aufrechtem Kopf zu sprechen. Dann aber stehe ich vor Publikum und bemerke auf einmal, dass mein Kopf wieder schief ist? Was tue ich? Gar nichts. Behalte den schiefen Kopf, weil er zu dir gehört. Was würde geschehen, wenn du dem Experten glaubst, dass du mit einem geraden Kopf besser auf das Publikum wirkst, und du nun stets versuchst, deinen Kopf gerade zu halten? Du wirst unauthentisch. Und das ist der Schlüsselbegriff. Authentizität. Echt sein. Dein Bewusstsein wird, am Beispiel des schiefen Kopfes, durch diese unnötige Optimierungsmaßnahme ausgeschöpft. Es ist dadurch ausgelastet und so bleibt nicht mehr genügend Kapazität, um dich bewusst genug deinen Inhalten, deinen Gedanken und anderen wichtigen Aspekten zu widmen.

Meist höre ich von Kommunikationsexperten, dass wir unsere Sätze bewusster gestalten sollten, um auf unser Individuum intensiver eingehen zu können. Das wäre so auch möglich – nur vergessen wir meist während des gesamten Prozesses, authentisch zu bleiben und nicht allzu viel zu denken. Denn wer bei einem einfachen Kundengespräch versucht, den Kunden unterbewusst anzusprechen, indem er geniale Satzkonstruktionen verwendet, vergisst dabei meist, zu denken, und er selbst zu bleiben. Und er vergisst, daran zu denken, was der Kunde zwischenmenschlich haben möchte.

Kommen wir zurück zu dem Problem mit dem schiefen Kopf, du hast also zwei Möglichkeiten: Entweder du versuchst, deinen Kopf krampfhaft gerade zu halten, vergisst dann vielleicht jedoch, etwas zu sagen und dich auf deine Persönlichkeit zu konzentrieren. Allerdings entsprichst du so eher der Schablone, die dein Kommunikationstrainer für dich angefertigt hat. Oder aber du behältst deinen schiefen Kopf, bleibst bei dir, vergisst keine Inhalte, wirst aber den Ansprüchen deines Kommunikationsexperten nicht mehr gerecht. Welchen Vorteil hast du im letzteren Fall, den du im ersten Fall nicht hast? Deine Authentizität. Du kannst du selbst sein. Echt, ungekünstelt und menschlich.

Schauen wir uns TV-Shows an, die hervorragende Quoten erzielen, oder Moderatoren und andere Berühmtheiten, die beim Publikum gut ankommen, so fällt uns schnell auf, dass wir uns eine Sendung oft nicht wegen des Inhaltes oder des Konzeptes ansehen, sondern weil es für uns als Zuschauer angenehmer ist, einer Person zuzusehen, die authentisch und zugleich noch unterhaltsam ist. Menschen, bei denen wir fühlen, dass sie nicht authentisch sind, nicht echt, die eine Rolle spielen und uns scheinbar in diesem Moment täuschen wollen, diese fordern unser Unterbewusstsein, sodass wir erst Energie aufbringen müssen, um die Person zu entschlüsseln, bevor wir wissen, ob wir für diesen Menschen die Hand ins Feuer legen können.

Wir alle wollen Menschen, die so sind wie wir. Die echt sind. Die sich selbst sind und uns, insofern uns der Charakter dieser einen Person entspricht, unterbewusst auf ihre Weise versichern, dass sie keine Rolle spielen, sondern auch noch dann denselben Charakter haben, wenn wir an einer Klippe hängen, und wir sicher sein können, dass uns dieser eine Mensch helfen wird. Weil er authentisch ist und wir beziehungsweise unser Unterbewusstsein ihn als »echt« einordnen konnten.

Egal ob du deinem Vorgesetzten deine Arbeit präsentieren oder ob du sogar vor Hunderten von Menschen stehen und referieren musst. Es ist selbstverständlich, dass es für dich, für dein Bewusstsein wie auch für dein Unterbewusstsein, sprich deinen Bauch, für die Zuschauer, eben für alle Seiten sinnvoller ist, wenn du du selbst bleibst, authentisch bist und deine bewusste Kapazität für sinnvollere Dinge verwendest als für einen leicht schiefen Hals.

Du kannst dein Bewusstsein an seine Grenzen bringen und so weit ausschöpfen, dass du ihm neben einer komplizierten, langen Rede auch noch eine weitere Aufgabe zuweist, das jedoch muss man üben. Entweder man übt es als Aufgabe, so wie wir es vor dem Spiegel machen würden, wenn wir den Worten des angeblichen Experten vertrauen, oder wir versuchen, bewusster mehr wahrzunehmen und so unser Bewusstsein etwas herauszufordern, an seine Grenzen zu bringen und zu erweitern.

Selbstverständlich können wir nicht für alle Menschen, mit denen wir in Kontakt sind, ein und dieselbe Rolle einnehmen. Unterbewusst und indirekt sehen wir uns immer durch die Augen unseres Gegenübers. Dabei stellen wir uns unterbewusst die Frage, wie wir wohl gerade wirken und welche Erwartung respektive welches Bild unser Gegenüber von uns hat. Angenommen, wir versetzen uns in die Haut eines Bankangestellten, der zu Hause Frau und Kind hat und derjenige ist, der in der Beziehung die Hosen anhat, so es ist verständlich, dass er sich durch die Augen seiner Frau eher als verantwortungsvoller, mächtiger, fleißiger und offener Ehemann und Vater sieht, wobei er sich vor seinem Vorgesetzten eher als introvertierter, scheuer und unfleißiger Angestellter sehen könnte. Auch unseren Charakter können wir von Person zu Person anpassen. Natürlich sollte der mehr oder weniger derselbe bleiben, jedoch könnten wir, wenn wir uns durch die Augen des Kollegen sehen, ein Bild von einem eher amüsierenden, heiteren, lustigen Menschen haben, wobei wir zugleich zu Hause bei der Freundin das Bild von uns haben, dass wir launisch, mürrisch und emotionslos sind.

Es wird sehr viel schwieriger, wenn wir Hunderte von Menschen vor uns stehen haben und einen Vortrag halten sollen, der möglichst alle anspricht. Wie geben wir uns nun? So wie uns die wichtigsten Menschen, sprich der Vorgesetzte sieht? So wie wir bei der Allgemeinheit am besten ankommen, auch wenn wir dafür den Klassenclown raushängen lassen müssen?

Im Idealfall versuchen wir, uns dorthin zu bringen, wo wir gerne sein möchten. Wir versuchen, wir selbst zu sein; und uns nicht von den Bildern anderer Menschen beeinflussen zu lassen. Doch was ist zu tun, wenn du hinter der Bühne stehst, es bleiben nur noch fünf Minuten bis zu deinem Vortrag und draußen warten alle dreihundert Angestellten des Unternehmens auf deine Präsentation? Du bist nervös, trinkst noch etwas und setzt dir als Ziel, charmant, seriös und zugleich locker zu wirken. Plötzlich steht dein Chef vor dir, klopft dir auf die Schulter und sagt in einem heiteren Ton: »Viel Erfolg! Aber bitte keine Sprüche unter der Gürtellinie.«

Was geschieht? Alle deine Emotionen, deine Freude sind im Keller. Du hast dich darauf gefreut, mit deiner Präsentation vor dem Publikum einen kompetenten, seriösen Eindruck zu hinterlassen. Nun kommt dein Chef zu dir und teilt dir mit, dass sein Bild von dir das eines lustigen Clowns und niveaulosen Sprücheklopfers ist und er dich indirekt bittet, das Niveau zu halten.

Diese kognitive Diskrepanz könntest du nun theoretisch als Ambition sehen, deinem Chef beweisen zu können, dass du gar nicht der Klassenclown bist, sondern auch völlig andere Qualitäten hast. Noch besser wäre es allerdings, in diesem

Moment deinen Chef direkt auf sein falsches Bild anzusprechen und ihn wissen zu lassen: »Lustig, danke. Auch wenn ich ab und zu ein paar stimulierende, lustige Dinge sage, so bin ich eigentlich kein besonders lustiger Typ. Und heute Abend werde ich die Thematik von ihrer professionellen, interessanten und in der Tat wertvollen Seite zeigen.«

Durch diese direkte Ansprache entlastest du dein Bewusstsein und zugleich dein Unterbewusstsein. So wissen dein Bewusstsein wie auch dein Unterbewusstsein, dass sie sich von ihrem Ziel nicht abhalten lassen sollen und alles klar kommuniziert wurde. Und du hast dich dort positioniert, wo du insgeheim sein möchtest. Der erste Schritt zur Authentizität.

Andernfalls, wenn du ohne das klärende Gespräch auf die Bühne gegangen wärst, ist es nicht undenkbar, dass du dich durch die unterbewussten Gedanken von deinem Chef in deiner Authentizität hättest beeinflussen lassen.

Mentaler Tipp: Authentizität

> Authentizität ist die Kunst, du selbst und echt zu sein.
> - *Versuche, dich auf keine Rolle einzulassen, die deine Authentizität nicht unterstreicht. Im Zweifelsfall konfrontierst du diejenigen, die ein aus deiner Sicht falsches Bild von dir haben (klare Positionierung/Neupositionierung).*
> - *Versuche, keine Rollen einzunehmen, die dir und deiner Authentizität nicht dienen.*
> - *Versuche, echt, vertrauenswürdig und du selbst zu sein.*
> - *Nimm lieber nicht allzu schlimme Angewohnheiten in Kauf, solange darunter deine Authentizität nicht leidet.*

Ziel: Erscheine als angenehme, authentische, vertrauenswürdige Persönlichkeit.

Mein Gedächtnispalast

Ich gebe zu, dass mein Gedächtnis eigenartig ist. Es gibt wichtige Ereignisse, die scheinbar aus meinem Gedächtnis gelöscht sind, und wiederum andere Details, die ich noch Jahre später weiß. Das liegt daran, dass ich ein sehr visueller Mensch bin. Man geht davon aus, dass jeder Mensch einen dominierenden Sinn hat. Bei mir ist das der visuelle. Ich denke förmlich in Bildern. Auch wenn ich ein sehr gutes musikalisches Gehör habe, so dominieren dennoch die Bilder in meinem Kopf. Ich kann überhaupt nicht kontrollieren, welche wie in meinem Kopf abgelegt werden, weil alles unterbewusst geschieht.

Du musst dir vorstellen, dass dein Unterbewusstsein täglich mit Reizen, Informationen und Wahrnehmungen überflutet wird. Es sind zu viele, um alle bewusst wahrnehmen und ordnen zu können. So beginnt dein Unterbewusstsein, wie auch dein Bewusstsein, sich auf die Wahrnehmungen spezifischer Sinne einzustellen, weil unser Geist weiß, mit welchen Sinnen wir empfänglicher, effektiver und vielleicht sogar sensitiver sind. Bei mir ist es eben der visuelle.

Ich versuche, möglichst viele Bilder so in meinen Gedächtnispalast einzuordnen, dass kein Chaos entsteht. Natürlich hast du diesen Begriff »Gedächtnispalast« noch nie zuvor gehört – doch die Bedeutung ist sein Ausdruck. Es handelt sich um den Palast deines Gedächtnisses. Palast deshalb, weil man dort reich an Informationen ist. Der Gedächtnispalast kann unbemerkt entstehen, er kann aber auch bewusst aufgebaut werden. Bei mir zum Beispiel wird der Gedächtnispalast stetig ausgeweitet, ohne dass ich es bewusst merke. Dafür ist mein Unterbewusstsein zuständig. Du brauchst dir lediglich einen fiktiven Raum vorzustellen, der gefüllt wird mit Informationen und Wahrnehmungen. Beispielsweise kann man in diesem Raum bewusst Bilder ablegen, sodass sie und die damit verbundenen Informationen besser erneut abgerufen werden können. Man kann also mittels des Gedächtnispalastes sein Gedächtnis trainieren und Informationen für einen späteren Zeitpunkt förmlich bereitlegen. Dann braucht man lediglich wieder in den Palast zu gehen und schon liegt alles so parat, wie man es sich selbst vorbereitet hat.

Mein Palast ist kein Gebäude, es ist eher ein fiktives Etwas. Deinen musst du dir in deiner Vorstellung bilden, es soll ja dein Gedächtnispalast sein. Meiner ist nicht vergleichbar mit einem wirklichen Palastkonstrukt. Er ist unbeschränkt weit offen und besteht aus Orten, an denen ich persönlich oft bin oder war. In meinem Gedächtnispalast dominieren die Straßen, auf denen ich unterwegs war.

Es ist in der Tat so, dass ich in meinem Kopf eine Art »Stadtplan« habe. Meist von Orten, an denen ich häufiger war. Ich lege meine Informationen und Einflüsse beispielsweise vor einem Restaurant ab oder direkt auf der Straße oder neben dem Ticketautomaten bei der Bushaltestelle. Wenn ich dann mit einer Person im echten Leben einen ebenfalls echten Ort betrete, der aber schon Inhalt meines Gedächtnispalastes ist, so lege ich die Inhalte und Informationen, die ich von dieser Person erhalte, direkt dort ab, wo wir entlanggingen. Ich kann dann zu einem späteren Zeitpunkt unsere Route erneut rekapitulieren und weiß förmlich Wort für Wort, was wir an jener Stelle damals gesprochen haben. Und das über Jahre hinweg. Ja, über Jahre. Denn was in meinem Palast abgelegt wurde, liegt und bleibt dort.

Auf dem Weg in mein Büro fahre oder gehe ich an einem Restaurant vorbei. Auf dieser einen Straße in meinem Kopf habe ich stets sehr gute Gedanken und Informationen abgelegt, weil ich meist gute Nachrichten bekommen habe, wenn ich telefonierend diese Straße entlangging. Ich habe viele positive Einflüsse, die ich im Büro bekommen habe, anschließend nach dem Verlassen des Büros direkt auf dieser Straße abgelegt.

Nun war ich vergangenes Jahr dort unterwegs, direkt auf dem Weg in mein Büro. Da erhielt ich einen Anruf mit einer schlechten Nachricht, einer unerwarteten. Leider habe ich dann auch diese Nachricht und die emotional damit verbundenen Gefühle unterbewusst dort auf dieser Straße abgelegt. Danach dominierte oft dieser Inhalt, wenn ich dort entlangging oder -fuhr. Ich vermied es sogar zeitweise, mit dem Wagen dort zu fahren. Dann habe ich mir nach einigen Monaten das Ziel gesteckt, mit positiven Gefühlen und Gedanken diese Straße entlangzugehen und sie wieder mit allen positiven Details und Facetten wahrzunehmen. So bekam ich in meinem Gedächtnispalast wieder ein neues, intensiveres Bild von der Straße und kann sie nun mit erneuten, lediglich positiven Gefühlen, die ich dort abgelegt habe, entlanggehen.

Vielleicht kannst du das ungefähr mit dem Gefühl vergleichen, wie es ist, wenn du einen fremden Raum betrittst und du dir direkt ein Bild davon machst. Vielleicht kennst du dich in dem Raum noch nicht gut aus. Vielleicht sieht er auch sehr verwinkelt aus und unübersichtlich. Doch nach wenigen Stunden oder vielleicht Tagen kennst du dich dort ganz gut aus und nimmst ihn auf einmal völlig anders wahr. Du findest neue Aspekte. Der Fokus im Raum liegt woanders und auch die Wahrnehmung deines Gemüts hat sich diesem Raum angepasst. Und du fühlst dich auf einmal in dem Raum wohl, in dem du dich zuvor unwohl gefühlt hast. Ungefähr mit dieser Vorstellung kannst du meinen facettenreichen Gedächtnispalast vergleichen. Manchmal ändert sich die geistige Vorstellung, sprich ein Aspekt meines Palastes in meinem Kopf. Dann kommen auf einmal wieder die alten Bilder und Gefühle hoch, die ich früher mit dem entsprechenden Raum gekoppelt hatte.

Ja, der Gedächtnispalast ist kein einfaches Unterfangen. Ihn zu verstehen ist eine Kunst. Du brauchst diesen Gedächtnispalast in seiner Vollkommenheit nicht zu verstehen, aber versuche doch einmal, deinen dominierenden Sinn zu finden.

Versuche, dich daran zu erinnern, wie du früher in der Schule gelernt hast. Es gibt Schüler, die machen sich für alles Bilder, vielleicht sogar Skizzen. In Französisch genau so wie in Mathematik. Jede Mathematikaufgabe musste in einem Bild verwirklicht werden, bevor man sie lösen konnte. Das sind die Schüler, bei denen der visuelle Sinn dominiert.

Andere müssen sich andauernd bei allen Inhalten abfragen lassen, sie müssen die Mathematikaufgabe förmlich laut aufsagen, um sie zu verstehen, und bekommen bei Prüfungen

Schwierigkeiten, weil sie die Aufgaben nicht laut aufsagen können; man erkennt sie daran, dass sich ihre Lippen während des Lesens ständig bewegen. Die Inhalte müssen gehört werden, damit sie entsprechend schnell und effizient verarbeitet werden können.

Es gibt auch Schüler, die sich für alles Karteikärtchen machen müssen und die erledigten Inhalte so ablegen. Die zu Hause verschiedene Fächer und nicht einige, sondern Hunderte von Kärtchen mit französischen, englischen und deutschen Wörtern haben. Solche Schüler müssen die Inhalte fühlen und sie ablegen. Wobei hier meine persönliche Meinung von denen der Experten abweicht, ich bin nicht der Meinung, dass Karteikärtchen allein genug über eine taktil dominierende Sinneswahrnehmung aussagen. Diese Schüler können, aus meiner Sicht, auch einfach ein Flair für geistige Ordnung haben. Wir wissen ja, dass äußere Ordnung zu innerer Ordnung führt, sprich, dass wir uns innerlich leichter ordnen und klarer strukturieren können, wenn wir auch äußerliche Ordnung halten. Ordnung im subjektiven Sinn und jeder hat seine eigene Vorstellung von Ordnung.

Wenn du mal zurückdenkst und versuchst, bewusst herauszufinden, welcher Sinn bei dir dominiert, so kann dir diese Erkenntnis nicht nur als Lern- oder Gedächtnisstütze dienen, sondern der bewusste Umgang damit kann dir effektiv mehr Ordnung und Übersicht verschaffen.

Es hat jedoch keinen Sinn, künstlich einen Gedächtnispalast aufbauen zu wollen, wenn du bislang gut ohne ihn gelebt hast. Für situative Gegebenheiten, wie beispielsweise als Vorbereitung auf eine schwierige Prüfung oder als Merkhilfe in Extremsituationen, ist diese Technik als komplementäre Stütze zu deiner bisherigen sicherlich hilfreich. Allerdings hat sich dein Unterbewusstsein bereits auf eine individuelle, unterbewusste Verarbeitungstechnik eingelassen und sich mit dieser so eingerichtet, dass du damit sicherlich alles möglichst schnell und effizient verarbeiten kannst. Einen neuen, künstlichen Palast aufzubauen wäre an dieser Stelle eher kontraproduktiv. Wenn du aber schon mit einem Palast arbeitest, so kann dir der bewusstere Umgang damit einiges an Arbeit abnehmen und dich entlasten. Denn auf diese Weise konditionierst du dein Unterbewusstsein.

Finde also deinen Sinn. Und richte dir damit deinen eigenen Gedächtnispalast ein.

Zumindest weiß ich nun, weshalb mein Name Gabriel Palacios ist.

Mentaler Tipp: Gedächtnispalast

1. *Finde deinen dominierenden Sinn.*
2. *Finde deinen Palast, in dem du die mit dem dominierenden Sinn erhaltenen Informationen ablegst.*

Merkhilfe: Wenn du dir verschiedene Dinge merken musst, kannst du in einem Palast eine Art Route legen und die Gedanken und zu merkende Dinge dort ablegen. So brauchst du später nur noch diese Route durchgehen und weißt exakt, was du wo abgelegt hast.

Ziel: Kognitive Gedächtnisstütze im Alltag.

Unsere sieben Sinne

Oft glauben wir, wir würden die Welt so wahrnehmen, wie sie wirklich ist. Wir denken, dass die Realität das sei, was wir mit eigenen Augen sehen. Was wir mit eigenen Ohren hören und mit allen unseren Sinnen wahrnehmen können. Diesen Glauben legte ich bereits in früher Jugend ab. Unser damaliger Hund konnte mir das genaue Gegenteil beweisen. Er zeigte mir, dass er nicht nur fünf, sondern sechs Sinne hatte, weil er ständig fühlte, wenn es mir nicht gut ging. Dann kam er jeweils zu mir und tröstete mich. Wenn es mir gut ging, so kuschelte er sich an mich und genoss es einfach, bei mir zu sein. Mir war bewusst, dass der Hund meine Gedanken lesen konnte. Und wenn es nicht meine Gedanken waren, dann waren es meine Gefühle, die er las. Aber mit welchem Sinn hat er diese Gefühle wahrgenommen? Sehr schnell war für mich klar: Er fühlte sie mit seinem Herzen. Ja, wir alle haben mehr als nur fünf Sinne. Und es liegt an uns, ob wir sie verwenden oder nicht.

Wir haben jeden Morgen die freie Wahl, ob wir unsere Augen öffnen und sie den Tag über benutzen wollen oder nicht. Und wir sind uns einig: Wir alle haben eine subjektive Wahrnehmung. Sprich, wir nehmen Dinge unterschiedlich wahr. Für mich ist die Farbe Orange eher gelblich. Für dich ist sie vielleicht eher rötlich. Wer weiß, vielleicht ist etwas, was ich Gelb nenne, für dich Grün?

Wir wissen, dass alles, was wir sehen, elektromagnetische Reflektionen sind, Energien. Eine Lichtquelle sendet alle möglichen Frequenzen aus. Licht ist Strahlung und alle Strahlung vereint erscheint uns als Weiß. Gegenstände, die eine Oberfläche haben, die alle respektive die meiste Strahlung reflektieren, sind für uns also weiß. Gegenstände wiederum, die fast keine Strahlen reflektieren, sprich alle Farben schlucken, erscheinen uns als schwarz. Jede Farbe hat ihre eigene Frequenz. So ist die der roten Farbe niedriger als die der blauen.

Die Frequenz der UV-Strahlung ist natürlich dementsprechend hoch, sodass sie sogar Materie durchdringen kann. Fakt ist, dass wir nur eine begrenzte visuelle Wahrnehmung haben. Die UV-Strahlung kann unser Auge zum Beispiel nicht wahrnehmen, ebenso wenig die Infrarotstrahlung. Obwohl sie die gleiche Art Strahlung sind wie jede andere Farbe auch, die wir täglich wahrnehmen. Nur können wir Strahlen mit besonders tiefen und besonders hohen Frequenzen nicht wahrnehmen.

Genauso ist es in der Akustik. Wir haben eine eingeschränkte auditive Wahrnehmung, eben ein bestimmtes Wahrnehmungsspektrum. Wir können nur bestimmte Frequenzen auditiv wahrnehmen. Wobei zu beachten ist, dass akustische Frequenzen Schwingungen der Luft sind und keine elektromagnetischen Strahlen. Dennoch kann unser Gehörorgan nicht alle Schwingungen erfassen. Fledermäuse wiederum haben einen völlig anderen auditiven Wahrnehmungsbereich und kommunizieren mit Ultraschall.

Genauso können Hunde ein Vielfaches mehr olfaktorisch wahrnehmen, sprich über den Geruchssinn, als wir es uns je vorstellen können. Forschungen haben ergeben, dass Hunde sogar allein durch den Geruchssinn Krebszellen von gesunden Zellen unterscheiden können. Wir sind uns aufgrund dieser Erfahrungen bewusst, dass wir nur eine begrenzte Wahrnehmung haben. Was wir wahrnehmen, ist ein Bruchteil dessen, was wirklich da draußen vorhanden ist.

Dazu kommt, dass wir unser Gehirn in förmlich lächerlichem Maße beanspruchen. So viel mehr wäre möglich. Deshalb zweifle ich auch nicht an Menschen, die behaupten, sie nehmen mehr wahr als andere. Oder die behaupten, sie hätten besondere Fähigkeiten. Denn was wir effektiv kognitiv beanspruchen, ist ein Bruchteil dessen, was im Bereich des Möglichen läge.

Es entspricht allerdings unserem Alltag, dass wir unser Gehirn sogar entlasten wollen. Wir versuchen, unserem Gehirn überall wo nur möglich Aufgaben abzunehmen. Wir versuchen, unseren Alltag zu automatisieren, sodass wir mehr Zeit haben, um uns abends hinzulegen und nichts zu denken. Versteht mich nicht falsch: Ich liebe es auch, wenn ich mich einfach so hinlegen kann und mal nichts denken muss. Wenn ich mein Bewusstsein entlasten kann.

Dennoch bin ich froh, dass ich mich mit dem Gewöhnlichen nicht zufriedengebe. Jede gute wie auch jede schlechte Erfahrung prägt meinen Geist und jede Erfahrung, sei sie noch so schlecht, bereichert mein Gehirn. Jede Auseinandersetzung ist ein Lernprozess. Jeder Umgang mit Erfolg ist eine Leistung meines Gehirns. Meines Geistes. Also nehme ich jede so an, wie sie mich trifft. Ich habe keine Wahl. Ich könnte mich zwar der Erfahrung gegenüberstellen und ihr mitten ins Gesicht sagen: »Hör mal, ich habe eine begrenzte Wahrnehmung. Ich kann und muss dich nicht wahrnehmen. Lass mich meinen Feierabend genießen und verschwinde.« Oder aber ich stelle mich der Erfahrung und betrachte sie als Bereicherung meines Lebens, als Bereicherung meines Geistes. Und versuche, mit ihr umzugehen. Denn darin liegt die Kunst.

Wir haben also fünf Sinne, so meinen wir. Und bei jeder Verabredung, die für uns eine Bedeutung hat, versuchen wir, alle fünf Sinne unseres Gegenübers anzusprechen:

Wir versuchen, uns in tolle Kleidung zu werfen, wir machen uns frisch. Frauen schminken sich. Männer rasieren sich. Wir wollen den visuellen Erwartungen unseres Gegenübers gerecht werden. Wir versuchen sogar, unser Gegenüber visuell zu beeinflussen, ihm visuell zu gefallen, ihn optisch anzusprechen.

Genauso sieht es auch auditiv aus. Sprich, wir wollen dem Wortschatz, dem Slang oder dem Fachjargon unserer Verabredung gerecht werden, indem wir uns ebenfalls in unserer Verwendung der Sprache anpassen. Wir versuchen, angenehm zu reden, vornehm zu reden. Und die richtigen Worte zu finden.

Sogar olfaktorisch versuchen wir, unsere Verabredung zu beeinflussen. Über den Geruchssinn, denn wir verwenden ein Eau de Toilette, ein Parfüm oder ein Aftershave. Wir wollen verführerisch gut riechen und so unser Gegenüber ansprechen.

Genauso versuchen wir, unser Gegenüber über den Geschmackssinn anzusprechen. Beim Kundengespräch ist es der Kaffee, beim Candle Light Dinner das delikate Menü. Wir wollen unsere Verabredung folglich auf allen Ebenen unserer Sinne positiv beeinflussen und sind uns dessen nicht einmal bewusst.

Sogar der Tastsinn kommt zum Einsatz. Denn wir versuchen, unser Gegenüber so zu führen, zu berühren, wie es den beidseitigen Erwartungen entspricht – sei es eher vornehm oder vielleicht lockerer, sei es eine Umarmung, ein Kuss oder ein distanzierter Händedruck. Die Berührung verrät uns, wie intim das zwischenmenschliche Verhältnis bereits ist.

Dieses Ansprechen aller Sinne ist schön und gut. Dennoch sollten wir beachten, dass wir damit lediglich das Bewusstsein ansprechen. Natürlich wirkt eine schöne Krawatte beim Gegenüber auch unterbewusst, besonders dann, wenn sie nicht zu auffällig ist. Dennoch ist entscheidend, dass wir nicht nur versuchen, bewusst zu kommunizieren, sondern auch unterbewusst. Wir können das, indem wir authentisch sind. Das Unterbewusstsein unserer Verabredung wird sich dann melden, wenn dich der Bauch deiner Verabredung als »gut« oder »schlecht« deklariert hat. Letztendlich ist es wie bei jedem Verkaufsabschluss, wie ich es in meinen Business-Seminaren weitergebe: Achtzig Prozent der Entscheidungskraft wird durch das Bauchgefühl, sprich auf emotionaler Basis, sprich durch das Unterbewusstsein, gefällt.

Kurz: Wir alle haben neben unseren fünf Sinnen einen weiteren Sinn – unser Bauchgefühl.

Das Bauchgefühl nimmt all das wahr, was wir nicht bewusst wahrnehmen können. Sprich, das Bauchgefühl ist, wie schon gesagt, zu vergleichen mit dem Unterbewusstsein. Jeder Mensch, auch jedes Tier, verfügt über ein Unterbewusstsein. Unser sechster Sinn! Dieser Sinn lässt sich allerdings oft vom Bewusstsein täuschen – nämlich genau dann, wenn wir auf unseren Kopf anstelle unseres Bauches hören, obschon unser Kopf, sprich unser Bewusstsein, lediglich einen winzigen Bruchteil unseres Geistes ausmacht. Da wir jetzt herausgefunden haben, dass unser sechster Sinn unser Bauchgefühl sein kann, wäre es rein aus faktischen Gründen empfehlenswert, sich vermehrt auf unser Unterbewusstsein, sprich auf unseren Bauch, zu verlassen.

Leider hören wir zu oft auf unseren Kopf, weil dessen Argumente meist sichtbarer sind als die des Bauches. Die Argumente unseres Unterbewusstseins sind zwar gefühlsmäßig da und stark, sie überwiegen meist sogar, aber wir können sie nicht aufzeichnen. Wir können sie selten faktisch darlegen. Dazu kommt, dass Gefühle und unterbewusste Prozesse nicht sichtbar sind, während bewusste Argumente wie Verträge, gut angezogene Kundenberater und schöne Büroräumlichkeiten sichtbar und deswegen für uns leichter zu akzeptieren sind.

Natürlich gibt es neben dem Unterbewusstsein noch weitere Wahrnehmungsaspekte. Es gibt Menschen, die geben sich mit unseren sechs Sinnen allein nicht zufrieden. Die wollen ihre geistigen Kapazitäten ganz ausschöpfen. Die wollen mehr sehen, mehr erkennen. Ein Weg, nicht nur deinen sechsten Sinn, sondern sogar deinen siebten Sinn zu schulen, ist meine Wissensvermittlung in diesem Buch. Wenn du bemerkt hast, dass du ein Feingefühl für Gefühle hast, ist das durchaus nicht zu vernachlässigen. Zum Beispiel, wenn du merkst, das es jemandem nicht gut geht. Wenn du merkst, dass jemand nicht ehrlich zu dir ist. Oder wenn du merkst, dass du dich auf jemanden verlassen kannst.

Dieser siebte Sinn, Menschen zu erkennen, aus ihren Augen zu lesen und zu interpretieren – und zwar richtig –, ist eine Fähigkeit, die du, solltest du sie haben, unbedingt weiter verfolgen musst. Es gibt nichts Schöneres, als mit mehr als fünf Sinnen durchs Leben zu schreiten, mehr wahrnehmen zu können als andere. Mehr zu erfahren, als andere. Denn das Leben, das ist eine Erfahrung. Eine große Erfahrung.

Ich sehe dich

Täglich treffen wir Menschen, sprechen mit ihnen, berühren sie, stellen ihnen Fragen und bekommen Antworten. Nicht nur Vorurteile der Gesellschaft, sondern auch eigene Thesen, Behauptungen und Bilder beeinflussen unser soziales Verhalten. Sei es nun, dass ich vor einer neuen Kundin stehe oder dass mir die mir bislang unbekannte Freundin meines Kollegen vorgestellt wird – binnen Bruchteilen einer Sekunde bilden sich Bewusstsein und Unterbewusstsein eine Meinung. Der erste Eindruck. Er scheint mächtig zu sein. Er kann mächtig sein – aber er ist es nur so, wie ich ihn haben möchte. Viele lassen sich lange vom ersten Eindruck beeinflussen. Das kann sogar eine Art Schutzmechanismus sein. So wie es Stereotypen auch sind. Sie dienen meinem Unterbewusstsein nach einer starken Prägung, meist fälschlicherweise in Schubladen zu denken.

Unser Unterbewusstsein wird also ständig konditioniert. Wenn wir von einer bestimmten Art Mensch schwerwiegend verletzt wurden, so schützen wir uns, indem wir ähnliche Menschen zukünftig meiden. Wenn uns auf einem Grillfest nach dem Verspeisen von Auberginen und bei einem gereizten Magen übel wird, so vermeiden wir zukünftig Auberginen.

Der Psychologe Skinner erforschte die Konditionierung eines Verhaltens erstmals an Ratten. Er legte ein Stück Käse in einen Käfig. Wollte die Ratte den Käse fressen, so bekam sie einen elektrischen Schlag. Er nannte das »negative Verstärkung«. Ein Verhalten wird nicht mehr gezeigt, aus Angst vor einem negativen Erlebnis. Andere psychologische Experimente ergaben dasselbe Verhalten: Man pflanzte einem Schaf leicht toxische Pillen unter das Fell und setzte dieses Schaf einem Rudel Wölfe aus. Kaum hatten die Wölfe das Schafsfleisch verzehrt, mussten sie sich übergeben. Setzten nun die Forscher demselben Wolfsrudel erneut ein Schaf vor, so rannten die Wölfe vor dem Schaf davon. Wir sehen also: Erfahrungen prägen unser Unterbewusstsein und unser Verhalten.

Natürlich kann das auch im positiven Sinn geschehen. Wenn du als Kind auf dem Jahrmarkt immer Zuckerwatte essen durftest und dabei diese unbezahlbaren, kindlichen Glücksgefühle hattest, so wirst du auch später, wenn du zwar schon groß bist, dieselben Glücksgefühle empfinden, sobald du den Duft von Zuckerwatte riechst. Prägungen beeinflussen unser Verhalten. Sie beeinflussen unsere Stimme, unsere Mimik, unsere Kleidung und sogar unser Aussehen. Was ein Mensch erlebt hat, speichert sich in seinem Unterbewusstsein. Egal ob gut oder schlecht. Das Unterbewusstsein kann nicht bewerten. Dafür ist der kritische Faktor deines Geistes zuständig. Und er ist auch dafür zuständig zu bewerten, was du nun besser in welche Schublade wirfst.

Habe ich also die Möglichkeit, dir in die Augen zu sehen und dich als Ganzes wahrzunehmen, so sehe ich auch deinen Geist, deine Vergangenheit, deine damit verbundenen Wünsche und Bedürfnisse. Ich sehe anhand der Kleidung, worin sich mein Gegenüber wohlfühlt und weshalb. Ich sehe anhand der Haut, wie sich mein Gegenüber der Sonne aussetzt, an den Ringen, wie viele Freunde es gibt, und an der Pupille, wie hoch eine Begierde ist.

Wenn wir uns verhalten, verraten wir, was wir denken. Wir können uns nicht verhalten, ohne zu denken. Wir können nicht einmal einfach nur sein, ohne zu denken. Solange ich lebe, verrate ich meine Gedanken. Egal ob ich nun in einem Nachthemd auf dem Sofa liege und den gesamten Tag über vor dem Fernseher verbringe oder ob ich mir als Frau die Nägel lackiere, mir High Heels besorge und in meinen Lieblingsclub gehe. Paul Watzlawick, ein verehrenswerter Psychologe, stellte den Grundsatz auf: »Man kann nicht nicht kommunizieren.« Solange du lebst, sprichst du. Solange du lebst, handelst du. Solange du lebst, denkst du. Solange du lebst, habe ich die Möglichkeit, dich zu sehen, dich zu lesen. Zu erkennen, was dich traurig stimmt, zu erkennen, wie ich dir helfen kann.

Selbst ich kann meine Gedanken nicht geheim halten. Ich bin der schlechteste Lügner. Ich weiß zwar, wie man gekonnt lügt, und ich weiß, wie man sich und seine Gefühle verrät. Vielleicht bin ich eben deswegen ein miserabler Lügner. Mit dieser Aussage allein verrate ich allerdings wieder einiges über mich. Wer nicht gut im Lügen ist, der ist nicht geübt. Und genauso ist es – unsere Mutter erkannte jede Lüge. Auch wenn sie es nicht auf Anhieb sagte, so war es schier unmöglich, vor ihr etwas geheim zu halten. Genauso war es ihr ergangen. Wenn sie lügen wollte, so sagte ihr ihre Mutter, dass sie es ihr ansähe, weil immer dann, wenn sie lügen würde, ein Lichtlein in ihren Augen zu sehen wäre. Dieser Gedanke ließ sie in allem, was sie tat, sehr ehrlich werden. Meine Mutter brauchte auch nie zu lügen – es gehört zu ihrer Authentizität einfühlsam, verständnisvoll und ehrlich zu sein. Etwas, das heute so nicht mehr geschätzt wird. Die Schule beispielsweise lehrte mich zu lügen. Wenn ich zum Beispiel, sei es in der dritten oder in der siebten Klasse, ehrlich war und dem Lehrer sagte, dass ich mich nicht besonders gut fühle und deswegen nicht zur Schule kommen könne, so glaubte man mir nicht und schon gab es Sanktionen. Da immer alle bei den Prüfungen schummelten, fing ich auch einmal damit an. In der vierten Klasse habe ich mir Rechenaufgaben auf die Rückseite meines Lineals geschrieben. Wir hatten jede Woche einen Schnellrechentest, der genau vier Minuten dauerte. Es gab zwölf einfache Rechenaufgaben. Pro Aufgabe hatte man zwanzig Sekunden Zeit. Obschon ich im Rechnen gar nicht so schlecht war, zerfraß mich der Zeitdruck. Daher versuchte ich es eines Morgens mit dem präparierten Lineal. Leider dachte ich damals nicht so weit, dass man ja für Schnellrechenaufgaben gar kein Lineal braucht. So fiel mein raffinierter Plan ins Wasser. Von diesem Moment an schummelte ich bis hinein in mein Studium nie mehr. Denn ich fand es mir selbst gegenüber nicht ehrlich, wenn ich schummelte. Ich sagte mir: »Wenn du schummelst, belügst du deine Intelligenz.« Dann wäre für mich eine gute Note kein Grund mehr zur Freude gewesen. Ich wollte wissen, wie intelligent ich wirklich war. Ich war stets ehrlich zu mir selbst und auch nach außen. So blieb ich zugleich ich selbst.

Nur meine Begründungen für meine Abwesenheit von der Schule änderten sich in: »Liebe Frau Lehrerin, ich hatte heute das Gefühl, dass ich zu Hause besser lernen kann und im Unterricht gelangweilt wäre. Deshalb entschloss ich mich, zu Hause zu bleiben und hier zu lernen.« Dadurch lernten meine Lehrerinnen und Lehrer mit mir umzugehen. Da ich mit den Lehrern immer besonders respektvoll umgegangen bin, mich oft bei ihnen bedankt habe, stets fleißig und zuverlässig war, konnten sie mit meiner ehrlichen und authentischen Art umgehen. Die Schule lehrte mich zwar zu lügen, doch war zeitgleich die Erwartung an mich selbst, ehrlich und echt zu sein, größer. Das war vor allem meiner langen, ehrlichen Erziehung zu verdanken. Meine freie, ehrliche Kindheit lehrte mich, selbstständig zu denken, ich selbst zu sein, sie prägte mich und machte mich glücklich. Bereits aus diesen Aussagen kannst du, wenn du meine Fähigkeiten besitzt, lesen und kombinieren, dass das etwas mit meiner Art aufzuwachsen zu tun hatte.

Genau diese Fähigkeit zu kombinieren möchte ich dir mit meinem Buch weitergeben. Lerne, den Menschen zu sehen. Lerne, ihn zu erkennen. Vielleicht wirst du zwei bis drei Sätze mit ihm austauschen müssen, bevor du tiefer in seine Seele blicken kannst. Lerne, Menschen zu sehen, als Ganzes, und sie zu verstehen.

Gehe hinaus in die Welt und achte vermehrt auf die möglichen Signale, die du von deinem Gegenüber bekommst. Lege deinen Schwerpunkt nicht auf Worte, sondern achte auf die Mimik, die Gestik und auf die unterbewussten Signale, die du erhältst. Achte darauf, was man dir alles kommunizieren will.

Du wirst erkennen, wie sehr dich diese Fähigkeit weiterbringt. Wie sehr du damit dir und zugleich anderen Menschen helfen kannst.

Ausklang

An dieser Stelle möchte ich dir danken: dafür, dass du dich für mein Wissen interessierst, dafür, dass dir der mentale Aspekt des Lebens viel bedeutet. Es ist auch mein Anliegen, den Menschen da draußen zu zeigen, dass ein mentales Wohlbefinden genauso wichtig ist wie ein biologisches.

Ich habe dir mein Wissen mitgegeben, das ich im Laufe meines Werdegangs als Gedankenleser und Hypnotiseur gesammelt habe. Du kannst dich auf mein Wissen verlassen. Ich habe mein Wissen aus fundierten Quellen zusammengestellt, auch wenn ich bei einigen Theorien eher hängen bleibe und andere wiederum verwerflich finde. Natürlich hat jede Theorie Sinn. Sie soll dazu dienen, unser Leben zu vereinfachen, es sind Stützen im Alltag wie in Extremsituationen. Viele Theorien habe ich mit meiner eigenen Erfahrung ergänzt und adaptiert. Nimm dir aus dem Wissen, das ich dir mitgegeben habe, das für dich Wichtige heraus und setze um, was dir entspricht. Verständlicherweise kann man mit keiner Theorie alle Menschen ansprechen. Jeder hat seine eigenen Glaubensansätze, Erfahrungsberichte und seine eigenen Meinungen.

Das hier in diesem Buch vorliegende Wissen habe ich im Laufe meiner Laufbahn geprüft und umgesetzt. Ich habe bestehende Theorien und Annahmen gewürzt und ergänzt mit eigenen, für die ich geradestehen kann. Denn ich habe mich mein Leben lang intensiver mit der Materie auseinandergesetzt als mit mir selbst. Ich weiß, dass dich mein Wissen bereichern wird. Sei es, dass du dann Menschen besser und deutlicher lesen kannst. Sei es, dass du anderen Menschen helfen kannst. Sei es, dass du lernst, dein Umfeld positiv zu beeinflussen; dass du lernst, hell zu sehen und Dinge wahrzunehmen, zu erkennen und zum Positiven zu wenden. Sei es, dass du lernst wahrzunehmen, was andere Menschen nicht wahrnehmen können, dass du sensitiver wirst, dass du ein Feingefühl entwickelst und deine Fähigkeiten ausbaust. Sei es, dass du direkt Gedanken lesen kannst oder dich zumindest nicht mehr offensichtlich belügen lässt. Oder sei es, dass du deine selbstheilenden, autosuggestiven Fähigkeiten einsetzt, um dich voranzubringen. Du wirst aus diesem Buch verwenden, was dir dient. Und ich bin zuversichtlich, dass du mein Wissen nachhaltig anwenden wirst.

»Ich weiß, dass ich nichts weiß.«
Sokrates

Bedenke bitte, auch ein Spezialist auf seinem Gebiet weiß nicht alles. Spezialisten meinen, mehr zu wissen. Sie wissen auch mehr, aber zugleich wissen sie auch immer weniger. Je mehr ich weiß, umso mehr neue Fragen tauchen auf. Je mehr offene Fragen sich mir stellen, desto weniger weiß ich. Weiß ich hingegen wenig, habe aber auch keine offenen Fragen, so meine ich, ziemlich viel zu wissen. Ich aber weiß, dass mir mein Wissen immens gedient hat. Und ich weiß auch, dass es dir dienen kann.

Unsere Welt ist derart schnell im Wandel. Nicht nur die Menschheit, auch deren Wissen entwickelt sich weiter. Und das in einer unglaublichen Geschwindigkeit. 1901 legte Gustav Weißkopf den ersten gesteuerten Motorflug zurück. Er konnte damit gerade mal eine halbe Meile weit fliegen, gemäß Zeugenaussagen. Nur fünfzig Jahre später schickten wir den ersten Menschen ins All – Juri Alexejewitsch Gagarin.

Was ich damit sagen will: Solange der Mensch im Wandel ist, wird auch sein Wissen im Wandel sein. Vor vielen Jahren noch meinte man, die Erde wäre eine Scheibe. Man dachte, die Sonne kreise um die Erde. Jeder Bereich wurde durch das Wissen der Menschheit weiterentwickelt, selbst in exakten Wissenschaften wie Mathematik und Physik.

Heute sind wir sehr fortgeschritten, so denken wir. Aber Jahre später lachen wir über diese Annahme. Mediziner, Physiker, Pädagogen, Psychologen – sie alle müssen laufend Artikel lesen und neues, erforschtes Wissen aufnehmen, damit sie auf dem Laufenden bleiben.

Wir meinen, die Kontrolle zu haben, und wir glauben zu wissen, dass alles, was wir erleben dürfen, echt ist. Und dass dies alles ist, was möglich ist. Dass es alles ist, was es gibt. Nein. Es ist nicht alles. Es ist das, was wir im Rahmen unserer fünf Standardsinne wahrnehmen können. Doch es ist bei Weitem nicht alles, was wir mit unseren restlichen Sinnen wahrnehmen können.

Denn auch du hast mehr als nur fünf Sinne. Und du kannst sie trainieren. So wie man üben kann, Gewürze am

Geruch zu erkennen oder Vögel am Gezwitscher. Doch bevor du deine weiteren Sinne trainieren kannst, musst du sie erkennen.

Dieses Buch wird dir dabei helfen. Erkenne sie. Und erkenne dich. Sehe dich.

Ich sehe dich.

Dank und letzte Worte

Es ist kein einfaches Unterfangen, meine Dankbarkeit mit wenigen Worten zu sagen. An erster Stelle danke ich dir, liebe Leserin/lieber Leser, dass du dich für mein Wissen und meine Erfahrungsberichte interessierst. Ihr seid mein Publikum – denn wer auf der Bühne steht und kein Publikum vor sich sitzen hat, wird auch keinen Applaus ernten. Und wer nichts ernten kann, der sät nicht mehr gern. Ich säe sehr gern – weil ich erkenne, wie viel ich damit bewirken kann, wie vielen Menschen ich helfen und wie vielen mein Wissen dienen kann. Im Berufsalltag wie auch im privaten Rahmen. Also nochmals: Vielen lieben Dank.

Ich danke von ganzem Herzen meiner Verlegerin Sabine Giger, die an mich und meine Fähigkeiten glaubt, mich treu begleitet und mir ermöglicht meine Botschaften und Fähigkeiten nach außen zu tragen. Von der ersten Sekunde an spürte ich in ihr eine immense Empathie, ein Verständnis und eine tiefe Freundschaft. Sie strahlt Liebe, Unterstützung, Professionalität und Verständnis aus. Es ist ihre Berufung, Menschen mit Fähigkeiten im Grenzgebiet zu begleiten. Meinen unermesslichen Dank an dich – und dafür, dass du mich begleitest.

Zudem danke ich aus tiefstem Herzen meiner Mutter Beatrix Palacios, die sich nicht nur für uns Kinder aufopferte, sondern in ihrem Leben Bemerkenswertes geleistet und erreicht hat. Als sie mit meinen Geschwistern an der Hand an dem Haus vorbeiging, in dem sie heute lebt, dachte sie: »Wie gerne würde ich einmal in diesem Haus wohnen.« Und nun tut sie es. Sie hatte eine Vision und hat sie erreicht. Von irgendjemandem muss ich es ja haben. Der Apfel fällt nicht weit vom Stamm. Aber ich wünschte mir, ich hätte dieselbe Stärke wie sie. Sieben Kinder, alleinerziehend großzuziehen, und gefühlte fünfhundert Prozent harte Arbeit; Momente, in denen finanzielle Mittel knapp waren – und es doch mit Müh und Not irgendwie ging. Und du hast alle deine Kinder gut durchgebracht. Aus allen ist etwas geworden. Jede und jeder hat sich in seiner Hinsicht entfaltet. Du hast uns die Freiheit gegeben, die wir brauchten – und zugleich lernten wir, selbstständig zu sein und an uns zu glauben. Jeden Morgen, wenn ich zur Tür hinausging, begleiteten mich deine Worte: »Das schaffsch du scho, das isch doch Nasewasser für di«, sprich: »Das packst du schon, das schaffst du doch mit links.« Bis heute halten deine Worte an. Die Situation mag noch so eng sein, mein Stresspegel noch so hoch – doch meine Zuversicht verlässt mich nie. Danke dir so sehr. Meine Dankbarkeit dafür, dass es dich gibt, und dafür, was du für uns getan hast, ist nicht in Worte zu fassen. Kein Mensch dieser Welt kann dir je das Wasser reichen. Das weißt du.

Auch möchte ich meinen Geschwistern danken. Meinem Bruder Sancho, der mich auf dem Pausenplatz immer beschützte. Meiner Schwester Carmen, die immer ein offenes Ohr für mich hatte. Meiner Schwester Marisa, die mir immer hilfreiche Ratschläge gab. Meiner Schwester Cindy, die immer mütterlich für mich kochte und sorgte. Meiner Schwester Jasmin, die für mich ein intellektuelles Vorbild war. Meiner Schwester Trix, die sich um mich sorgte und mich aus dem Wasser zog, als ich fast ertrunken wäre. Ich danke auch Habib, meinem Schwager, dafür, dass er sich väterlich um mich sorgte.

Meine gesamte Familie ist mein größtes Heiligtum. Danke, dass ich bei euch und mit euch aufwachsen durfte. Ich liebe jeden Einzelnen von euch sehr.

Ich danke auch meinen Geschäftspartnern, die mich unterstützten und mit denen ich eine tolle Zusammenarbeit pflege. So danke ich Jens Herbst für seine digitale und virtuelle Unterstützung. Ich danke Roland Künzi für seinen Glauben an meine Fähigkeiten und für seine immense Unterstützung. Ich danke Yves Thalmann, meinem treuen Begleiter, für seine Hilfe und allgegenwärtige Unterstützung, sowie auch mein Dank an meinen ambitionierten Mitarbeiter Andreas Burri. Mein herzlicher Dank an Joerg Kressig für seine tollen, ausdrucksvollen Bilder wie auch das angenehme Fotoshooting. Ich danke Mathias Fischedick, meinem mentalen Fachberater, für seine Unterstützung. Und allen anderen, die ich hier nicht erwähnen kann, die aber wissen, dass sie für mich von großer Bedeutung sind.

Zu guter Letzt möchte ich einem ganz besonderen Menschen danken, der dieses Buch leider nicht in seinen Händen halten kann, der aber garantiert mitliest. Ich danke meinem Vater Antonio. Danke, dass du mir diesen wunderschönen Namen geschenkt hast. Danke, dass du auf uns schaust. Und dafür, dass du mich und uns alle unterstützt. Mit deiner Tat hast du unser Leben nicht einfacher gemacht, aber du hast uns gestärkt. Jeden Einzelnen. Zuerst wurden wir schwach, dann rafften wir uns auf – und nun sind wir stark. Ich würde dir heute gern zeigen können, was ich alles erreicht habe. Doch unwichtig ist, was ich erreiche. Wichtiger ist, was andere dank mir erreichen. Noch oft bringen uns die schönen Erinnerungen an dich zum Lachen und zugleich zum Weinen. Ich kann mich nur noch an wenige Momente erinnern. Ich kann mich daran erinnern, wie wir beide im Badezimmer vor dem Spiegel standen. Du hast mich auf einen Stuhl gestellt. Du hast mir Rasierschaum gegeben, damit ich damit mein Gesicht einschäumen konnte. Dann hast du mir einen Rasierer gegeben mit dem Plastikschutz vorn darauf und so haben wir uns gemeinsam vor dem Spiegel rasiert. Ich kann mich auch an schlechtere Zeiten erinnern, doch die guten überwiegen. Du und deine Frau haben mir das Leben geschenkt. Dafür danke ich dir.

Ich hoffe, du siehst mich – denn ich, ich sehe dich.

Kontakt

Im geschäftlichen Bereich biete ich zurzeit Business-Seminare, -Coachings wie auch Consultings an. Mit meiner Firma, der Palacios Relations GmbH, verhelfe ich Firmen zu mentalem Vorsprung. Für eine Übersicht über meine Leistungen verweise ich dich gerne auf die Website meines Unternehmens: www.palacios-relations.ch

Dort findest du auch aktuelle Termine für Vorträge, Performances und Buchvorstellungen sowie ausgeschriebene Workshop-, Seminar- und Ausbildungstermine. Außerdem findest du dort auch sämtliche Informationen zu meinen Therapiesitzungen.

Palacios Relations GmbH
Gutenbergstrasse 39
CH – 3011 Bern
Tel. +41-(0)-31-371-54-02
E-Mail. info@palacios-relations.ch
Web. www.palacios-relations.ch

Mit der Kraft des Unterbewusstseins zu Erfolg und Wohlbefinden

Die Autosuggestions-CD des bekannten Buchautors und Hypnosetherapeuten Gabriel Palacios weist durch wirkungsvolle Suggestionen den Weg zum Erfolg.
Hürden, Blockaden, Ängste und Süchte können mittels der vermittelten Autosuggestionen dauerhaft aufgelöst werden. Zeitgleich wird ein massgebend gesteigertes Wohlbefinden suggeriert.
Die CD ist außerdem ideal komplementär zu einer ärztlichen oder psychologischen Betreuung anzuwenden und steigert die Heilungs- und Erfolgsprozesse des menschlichen Unterbewusstseins.

Gabriel Palacios
Die Kraft deines Unterbewusstseins.
Autosuggestionen für Erfolg und Wohlbefinden
CD in Jewelbox, ca. 60 Minuten, untermalt mit Musik
ISBN 978-3-905958-23-2

www.gigerverlag.ch

»Wir sind nie alleine, die Geistige Welt hilft uns.«

In seinem neuen Buch zeigt Bestsellerautor Pascal Voggenhuber, wie jeder sich mit der Geistigen Welt verbinden kann.

»Schon immer gab es Menschen, die an Engel und die Geistige Welt glaubten, dennoch haben viele Menschen heute den Zugang zu ihnen verloren«, so der Autor.
Dieses Buch soll eine Hilfe sein, den natürlichen Zugang zur Geistigen Welt aufzunehmen und in den Alltag zu integrieren. Mit täglichen Ritualen lernen Sie, die Verbindung zur Geistigen Welt aufzubauen. Durch die Wahrnehmung von Engeln und Geistführern können wir lernen, unseren Alltag zu erleichtern, Probleme im Beruf, in der Liebe und im täglichen Umgang mit Menschen zu lösen. Engel und Geistführer sind uns behilflich, den Weg zu uns selbst zu finden, uns zu entfalten und den göttlichen Plan zu erkennen.

Pascal Voggenhuber
Die Geistige Welt hilft uns.
Rituale mit Engeln und Geistführern
*192 Seiten, Format 14,5 × 18,5 cm, Hardcover mit Schutzumschlag,
ISBN 978-3-905958-14-0*

www.gigerverlag.ch

Das innere Potential ausschöpfen mit der Kraft deiner Seelensprache.

In seinem neuen Buch möchte Martin Zoller die Leser inspirieren, sich mit ihrer eigenen Seelensprache auseinanderzusetzen damit sie diese besser interpretieren können. Jede Seele sendet Signale aus und wenn man dieses Unbewusste wahrnimmt, ist man besser vorbereitet auf Ereignisse im Leben.

Mit Beispielen aus seiner Praxis und Besuchen an Kraftorten auf der ganzen Welt möchte Martin Zoller zudem zeigen, dass wir Menschen, egal in welchem Land wir leben oder woher wir kommen, über die Seelensprache miteinander Verbindung aufnehmen können. Anhand spannender Reiseberichte beschreibt Martin Zoller Kraftorte und deren Einfluss auf die Medialität. Mit Erlebnissen aus seiner täglichen Arbeit möchte Martin Zoller zeigen, wie Medialität und Hellsichtigkeit effektiv im Alltag eingesetzt werden können.

Egal ob zu Hause, im Büro oder unter freiem Himmel. Das Buch lehrt Brücken zu bauen zwischen der menschlichen physischen Welt und der feinstofflichen Wirklichkeit, zwischen verschiedenen Kontinenten und deren Wertvorstellungen, wie auch zwischen unterschiedlichen Glaubensrichtungen.

Martin Zoller
Die Kraft der Seelensprache
Hardcover, 221 Seiten
ISBN 978-3-905958-20-1

www.gigerverlag.ch

»Zwei Minuten in der Ewigkeit, die mein Leben vollkommen verändert haben.«

Die tiefgründige Biographie von einem der erfolgreichsten Schweizer Musiker. Viele Menschen haben harte Lebensschläge erlebt und fragen sich: Warum gerade ich? Der Verlust geliebter Menschen, schwere Krankheiten oder Unfälle. Ist das Schicksal, Zufall oder einfach nur Pech?

Bo Katzman hat etwas erlebt, was ihn aus der Bahn des Lebens geworfen hat und seither viel Zeit verbracht, Antworten auf solche Fragen zu suchen. So wurde sein Lebensweg zu einem Weg der Suche, und er fand Einsichten, die überraschen! Ausgehend vom Erleben des eigenen Todes anlässlich eines Verkehrsunfalls im Alter von 20 Jahren, entwickelt er u. a. Überlegungen und Gedanken über den Sinn des Lebens.

Bo Katzman erzählt auch seine Geschichte, die eines kleinen Jungen aus dem Schweizer Industrieort Pratteln, der berühmt werden wollte, und der auf vielen Umwegen und über manche Baustellen zu seiner grossen Liebe fand: Der Musik. Er wurde einer der erfolgreichsten Künstler der Schweiz, erlaubt dem Leser hier einen Blick hinter die Kulissen des Showbusiness und erzählt von interessanten Begegnungen und beispiellosen Erfolgen, die seinen Lebensweg säumten.

Bo Katzman
Zwei Minuten Ewigkeit
Hardcover mit Schutzumschlag
ISBN 978-3-905958-14-0

www.gigerverlag.ch

»*Sternenstaub ist eine Metapher unseres Lebens. Wir leuchten zuweilen wie Sterne am Himmel, um dann zu verglühen und zu Staub zu werden.*
Fast jeden Tag frage ich mich: War's das schon? Was ist der Sinn des Lebens? Wofür lohnt es sich zu leben und zu sterben?
Meine Antwort ist immer dieselbe: Für die Liebe, die Kinder und die Musik.«

Chris von Rohr, geboren 1951 in Solothurn, Rocklegende und Kultfigur, schreibt seit sechs Jahren jeden Monat in der »Schweizer Illustrierten« eine der meistgelesensten Kolumnen. Er analysiert geradeheraus und treffsicher die Gemütslage unserer Gesellschaft und gibt seinen Lesern mit den oft gegen den schweizerischen Mainstream laufenden Texten wichtige Anstöße.

Die hier gesammelten Kolumnen haben Gehalt, Witz, Leidenschaft und Tiefe. Laute, aber auch sehr leise und unerwartete Töne findet man in diesen Texten, die nachdenklich machen, erheitern und berühren.

Chris von Rohr
Sternenstaub
254 Seiten, Format 11,5 × 19 cm, Hardcover mit Schutzumschlag,
ISBN 978-3-905958-10-2

www.gigerverlag.ch